GTB

Gütersloher Taschenbücher

939

Im Gedenken an all die Menschen, für die wir Hospizarbeit machen

Ida Lamp,
geb. 1961, Diplom-Theologin, war von 1986–1999 freiberuflich tätig als Kommunikationstrainerin und Journalistin; seit 1999 ist sie Seelsorgerin am Franzikus-Hospiz Hochdahl.

Christoph Drolshagen,
geb. 1959, lebt mit Ehefrau und Tochter in Andernach. Studium der Theologie und Pastoralpsychologie; Weiterbildung zum Supervisor (DGSv); seit 1999 arbeitet er bei der St. Elisabeth-GmbH Waldbreitbach in der Fachberatung Hospiz.

Catrina E. Schneider,
geb. 1961, Diplom-Theologin; Ausbildung in Trauerbegleitung, Familientherapie und systemische Supervision; verheiratet, Mutter von zwei Töchtern; Koordinatorin beim Neuwieder Hospiz e.V.

Inhalt

Vorwort 7

Geleitwort 8
Thilo Spychalski

Hospiz – zur Geschichte einer Idee 9
Ida Lamp

Hospizarbeit in Deutschland 17
Ida Lamp

Hospizlichkeit in Krankenhäusern und Altenheimen . . 39
Christoph Drolshagen und Catrina E. Schneider

Begegnungen im stationären Hospiz –
Erfahrungbericht eines begleitenden Freundes 53
Peter Schlösser

Hospizarbeit und Ehrenamtlichkeit 59
Catrina E. Schneider

Ehrenamtliche Hospizarbeit konkret 72
Catrina E. Schneider

Aufbruch zu ehrenamtlicher Tätigkeit 90
Susanne Myller

»Kostbarster Unterricht an den Sterbebetten« 9
Christoph Drolshagen

Keine Begleitung ohne Begleitung 108
Christoph Drolshagen

Selbstbefragung zur Psychohygiene 117
Ida Lamp

Spirituelle Begleitung 119
Ida Lamp

Den Abschied moderieren, den Trauerweg eröffnen ... 127
Thomas Meurer

Verstorbene geleiten – hospizlich Abschied nehmen .. 137
Ida Lamp

Trauerbegleitung als hospizlicher Auftrag 141
Ida Lamp und Catrina E. Schneider

Nachklang 144

Anhang:

Dachorganisationen der Hospizbewegung in Deutschland 145

Fragebogen für ehrenamtliche MitarbeiterInnen 149

Vereinbarung zwischen HospizhelferIn und Hospiz 152

Schweigepflicht 154

Beispiel: Handreichung für ehrenamtliche MitarbeiterInnen zum Thema Supervision 155

Literaturhinweise 157

Besuchsprotokoll 159

Liebe Leserinnen, liebe Leser!

Ich liege wie in einem Himmelbett und bin umgeben von Engeln. Das waren fast die letzten Worte eines sterbenden Menschen im Franziskus-Hospiz Hochdahl, der vor vielen Jahren schon aus der Kirche ausgetreten war. Zusammen mit der (evangelischen) Familie haben wir bei uns im Haus Abschied gefeiert, da der Tote sich für eine Seebestattung entschieden hatte. „Wir wussten bislang nichts über Hospiz“, haben die Angehörigen gesagt und: „Wir sind so froh, dass wir diese Tage hier erleben durften. Es war ein guter Abschied. Das konnten wir uns vorher gar nicht vorstellen. Wir haben ihn sogar angefasst, als er tot war, und das war ganz in Ordnung so.“

Hospizarbeit konkret – In diesem Erlebnis wird deutlich, wofür wir uns als ehren- und hauptamtlich Tätige engagieren wollen: Das Leiden, die Krankheit, das Sterben, der Tod und die Trauer gehören zum Leben und sollen solidarisch-mitmenschlich und würdig erfahrbar werden. Die Menschen sollen auch als Sterbende und Trauernde ihren Platz in unserer Mitte haben.

So ist dieses Buch entstanden: Angeregt durch die Praxis wollen wir (ehren- und hauptamtlich tätige Mitarbeiter und Mitarbeiterinnen von Hospizen und Hospizinitiativen und Angehörige von Verstorbenen) eine allgemein verständliche Einführung in Hospizarbeit geben und vor allem die Ehrenamtlichkeit – ihre Vorbereitung, Reflexion und konkrete Erfahrungen – sichtbar machen, Informationen geben für Interessierte und praktische Hilfen für Menschen, die schon hospizlich engagiert sind.

Hospiz ist kein Ort, an dem wir uns einrichten, sondern eine *Haltung,* in der wir einander begegnen, miteinander unterwegs sind. Wir wünschen uns, dass das Lesen Sie inspiriert zu eigenen – vielleicht ganz anderen und jedenfalls mutigen – Schritten im Sinne der Hospizbewegung.

Hospiz braucht WeggefährtInnen.

Ida Lamp

Düsseldorf, 10. August 2001

Geleitwort

Hospiz – ein kleines Wort, das in seiner Kürze und Prägnanz kaum erahnen lässt, wieviel Menschlichkeit, Glauben und Energie dahinterstehen. Selbst diejenigen, die vor Jahren mit der Hospizarbeit begonnen haben, konnten dies nicht erahnen; vielmehr hatten sie „nur" die leise Hoffnung, mit ihrem Ansatz das Sterben wieder in die Mitte des Lebens und in die Herzen der Menschen zurückzuholen.

Die Hospizarbeit in all ihren Facetten hat sich mittlerweile zu dem am stärksten wachsenden Teil des deutschen Gesundheits- und Betreuungswesens entwickelt. Parallel zu Verbreitung und Bekanntwerden dieser wichtigen Arbeit innerhalb der Bevölkerung etablieren sich rechtliche Verankerungen, eindeutige Qualitätsmerkmale und vieles mehr, was den ursprünglichen Hospizgedanken zu einer Institution, einem weit verzweigten Netzwerk, werden lässt.

Nicht unerwähnt lassen möchte ich an dieser Stelle, dass das Franziskus-Hospiz Hochdahl, als eines der ersten Hospize überhaupt, wichtige Pionierarbeit geleistet hat. Viele seiner Erfahrungen und Entwicklungen sind in die gesamte Arbeit der Hospizinitiativen eingeflossen und haben sie maßgeblich mit geformt und geprägt.

Das vorliegende Buch – herausgegeben von der Seelsorgerin des Franziskus-Hospizes Hochdahl – ermöglicht einen aktuellen Einblick in den Stand der inhaltlichen Entwicklung der Hospizarbeit in Deutschland, bietet einen guten und soliden Einstieg in die komplexe Thematik und eröffnet den bereits länger in der Hospizarbeit Tätigen neue Impulse und Denkanstöße.

Ich wünsche dem Buch viele interessierte Leserinnen und Leser, ganz im Sinne des Satzes:

Sterben gehört zum Leben

Hochdahl, im Sommer 2001

Thilo Spychalski
(Geschäftsführer Franziskus-Hospiz)

Ida Lamp

Hospiz - zur Geschichte einer Idee

Ich war vor einigen Jahren in Hamburg in einem Hospiz. Zum Geburtstag hatte ich Karten für ein Musical geschenkt bekommen. Meine Studienkollegin Klara empfahl uns damals für das Wochenende das kleine Hotel »Christliches Hospiz« in der Nähe des Bahnhofs Dammtor. Zunächst lachten wir alle herzhaft darüber, denn Klara ist 48 Jahre älter als ich – geht inzwischen also hart auf die neunzig zu – und es war Jahrzehnte her, dass sie in Hamburg übernachtet hatte. Was alles hätte seither aus der christlichen Herberge geworden sein können. Aber Klara hatte Recht, wie die Nachfrage in Hamburg bald ergab: Das Hospiz existierte noch, wenn auch nicht mehr unter diesem Namen. Im Hotel selbst informierte eine kleine Geschichte des Hauses darüber, dass das Hotel aus einem christlichen Hospiz, einer Herberge für Reisende und Pilger, hervorgegangen war. Es hatte den Namen gewechselt, als die Hospizbewegung in den 1980er-Jahren aus England nach Deutschland kam und bei uns Hospize errichtet wurden, die eben keine Hotels mehr waren.

Heute findet man in Deutschland nur noch selten ein *Hotel* mit der Bezeichnung »Hospiz« (z.B. Kneippkurhaus Christliches Hospiz in Oberstdorf; Hotel Hospiz in Tübingen). Hospize, das sind Häuser geworden, in denen Schwerkranke und ihre Angehörigen, von fachkundigem Personal begleitet, die letzte Lebenszeit des Kranken miteinander leben.

Hospiz – das ist aber viel mehr als ein Gebäude; es ist die große, den Globus umspannende Idee, dass wir Menschen einander im Sterben nicht allein lassen sollten. Hospiz, das ist in erster Linie eine Haltung Sterbenden und ihren Angehörigen gegenüber. Hospiz, das ist ein Verständnis von Leben, zu dem Krankheit, Leiden und Sterben, der Tod und die Trauer dazugehören. Wir üben als »Hospizler« täglich das zu buchstabieren. Wir reden leise von der Hoffnung, dass es anders werden kann in unserer Gesellschaft und in all den Einrichtungen für kranke, behinderte und alte Menschen: Sterben gehört zum Leben, Kranksein und Leiden und der Tod gehören dazu. – Wenn wir dieses Wissen zulassen, wenn es unsere

Lebenshaltung prägt, dann können wir auch etwas ändern an unserem Umgang mit Menschen, die krank sind, behindert, alt, die in Krisen geraten, die sterben und trauern. Eine große Vision, die langsam, aber unaufhaltbar Kreise zieht und Veränderungen anbahnt. Angefangen hat alles ganz klein:

Cicely Saunders und das St. Christopher's Hospice in London

Mary Aikenhead und ihre »Schwestern der Barmherzigkeit« gründeten das erste neuzeitliche Hospiz, das diesen Namen führte, in Dublin. Sie gaben ihrem Haus den Namen »Hospiz«, um ihrer christlichen Überzeugung Ausdruck zu geben, dass der Tod nicht die Endstation ist, sondern nur ein Durchgang. 1902 richteten die irischen Krankenschwestern im Ostteil von London (England) ein zweites Haus mit 30 Betten für sterbende Arme ein, das St. Joseph's Hospice. Dort arbeitete Cicely Saunders in den 1950er-Jahren sieben Jahre lang als Ärztin und erlebte hautnah die Zuwendung zu schwer kranken und sterbenden Menschen. Weil aus dieser Erfahrung ihr späteres Engagement für die Hospizbewegung erwuchs, kann St. Joseph's in gewisser Weise als »Mutterhaus der modernen Hospizbewegung« (Wolfgang Weiß) bezeichnet werden.

Als noch einschneidenderer Impuls aber gilt eine Begegnung, die Cicely Saunders im Londoner St. Luke's Hospital, einem 1893 gegründeten »Heim für bedürftige Sterbende«, hatte. Nach dem Zweiten Weltkrieg erlebte sie – während ihrer Tätigkeit als Krankenschwester in diesem Krankenhaus – den Tod des polnischen Juden David Tasma, der den Holocaust im Warschauer Ghetto überlebt hatte und im St. Luke's Hospital vierzigjährig an Krebs sterben sollte. Die beiden hatten sich angefreundet und miteinander über einen Ort gesponnen, an dem Menschen würdig bis zuletzt leben und sterben könnten. »Lassen Sie mich ein Fenster in Ihrem Haus sein«, mit diesen Worten hat David Tasma Cicely Saunders 500 Pfund, seinen ganzen Besitz, vererbt. 20 Jahre später setzt die charismatische und von Leidenschaft für diese Idee gepackte Frau die Phantasie in die Realität um. Mittlerweile hat sie Abschlüsse als Sozialarbeiterin und Medizinerin!

Ihre Vision war, Schmerz wirksam zu bekämpfen, und sie war sich ganz sicher, dass er dafür von den verschiedensten Seiten erfasst werden müsse: pflegerisch und medizinisch, psychisch und geistig, sozial und spirituell.

In dem Londoner Vorort Sydenham eröffnet Cicely Saunders 1967 ein Haus, in dem Sterbende und ihre Angehörige einen Platz finden sollen, an dem Schmerzen wirksam bekämpft und Sterben würdig erlebt werden kann: das St. Christopher's Hospice. 50 Menschen können in diesem Hospiz (nach deutscher Sprachregelung eine Palliativeinrichtung – zu den Begriffen siehe unten) aufgenommen und medizinisch, pflegerisch, psychosozial und seelsorglich-spirituell begleitet werden.

Konsequente Schmerzlinderung und Linderung der Symptome der Erkrankung haben durch die Arbeit von Cicely Saunders von nun an in der Begleitung der Kranken, für die keine physische Heilung mehr in Aussicht steht, oberste Priorität. Die Einsicht und die Erkenntisse, die sie in Praxis und Forschung gewonnen hat, werden weltweit bahnbrechend für Medizin und Pflege.

Cicely Saunders

Cicely Saunders wurde im Jahre 1918 in England geboren. Sie besuchte die Roedean School und das St. Anne's College in Oxford, bevor sie 1944 die Ausbildung zur Krankenschwester im St. Thomas Hospital in London Nightingale School abschloss. Aus Krankheitsgründen war sie gezwungen, ihre Arbeit dort aufzugeben; sie kehrte zurück zum St. Anne's College und machte dort 1947 einen weiteren Abschluss als medizinische Sozialarbeiterin.

1948 wurde sie im St. Luke's Hospital, einem Haus für Patienten mit fortgeschrittenen Krebserkrankungen, durch ein Erlebnis mit dem sterbenden Patienten David Tasma zur Hospizarbeit inspiriert. Nach Tasmas Tod arbeitete sie noch weitere drei Jahre im St. Luke's Hospital. Von 1951 bis 1957 studierte sie Medizin und arbeitete im St. Thomas Hospital. Ein Forschungsstipendium führte sie anschließend dreimal die Woche ins St. Joseph's Hospital, in dem es etwa 50 Betten für sterbende Patienten gibt. Ihr Ziel blieb es, ein Hospiz zu gründen, das sowohl Ausbildung als auch Forschung auf dem Gebiet der Schmerztherapie und Sterbebegleitung mit der konkreten, liebevollen Begleitung sterbender Menschen kombiniert. In ihren Forschungsarbeiten hatte sie erkannt, dass beim Schmerz, unter dem Sterbende manchmal leiden, die physischen Beschwerden untrennbar verbunden sind mit Gefühlen der Angst und der Machtlosigkeit, der Einsamkeit und des Ausgeliefertseins an das Schicksal. Daraus entwickelte sie die Grundidee, die physischen, sozialen, emotionalen und spirituellen Bedürfnisse von PatientInnen in die Behandlung einzubeziehen. Aber auch die Bedürfnisse der Familie oder anderer Nahestehender sollten – zum Wohle der Sterbenden – berücksichtigt werden. Es galt Leid zu mildern, wo keine Therapie mehr heilend wirksam war. Sterben sollte als eine Zeit gesehen werden, die auf eine andere, tiefere Weise Heilung und Wachstum ermöglicht.

Am 24. Juli 1967 wurde Saunders Traum Wirklichkeit: Das St. Christopher's Hospice öffnete im Süden Londons seine Tore. Dort war sie von 1967 bis 1985 Medizinische Direktorin. Das Modell der inzwischen weltweiten Hospizbewegung war entstanden.

1980 wurde Cicely Saunders von der englischen Königin, Queen Elizabeth, mit dem Orden des Britischen Empire ausgezeichnet, dem viele weitere Auszeichnungen für ihre innovative Arbeit in der Hospizbewegung folgten.

Quellen:
S. du Boulay, Cicely Saunders – Ein Leben für Sterbende, Innsbruck/Wien 1987. Cicely Saunders, Brücke in eine andere Welt, Freiburg 1999.

Ein Tabu fällt – Kübler-Ross und ihre Veröffentlichungen über Sterbende

Etwa zur selben Zeit beschäftigte sich die Psychiaterin Elisabeth Kübler-Ross in Amerika mit Sterben und Tod. Zu Recht wird sie als Pionierin auf diesem Gebiet bezeichnet. Die Hospizbewegung und die Sterbe- und Trauerbegleitung verdanken ihr viel. Bis zum Erscheinen ihres Bestsellers »Interviews mit Sterbenden« (On Death and Dying, 1969) war das Sterben die Domäne der Geistlichkeit. Ärzte waren ausschließlich am Leben interessiert, und da, wer stirbt, nicht mehr lebt, und Sterben nur als Debakel der Medizin angesehen werden konnte, blendeten die Mediziner/ Innen das Sterben völlig aus. In den Krankenhäusern wurde selbstverständlich gestorben – aber abseits vom normalen Betrieb, u. U. sogar in Abstellkammern und Bädern. Der Tod selber war dann das Feld der Bestatter und wieder der Geistlichkeit, die zusammen die Aufgabe hatten, Verstorbene unter die Erde zu bringen.

Das alles sollte sich mit den Erkenntnissen der Sterbe- und Trauerforschung, die entscheidend von den Untersuchungen und Veröffentlichungen Kübler-Ross' geprägt wurden, ändern. Menschen verschiedenster Berufsgruppen begannen überall auf der Welt, sich mit der Begleitung Sterbender kritisch auseinander zu setzen.

Elisabeth Kübler-Ross

Elisabeth Kübler-Ross wurde am 8. Juli 1926 als eine von Drillingsschwestern geboren und wuchs in der Nähe von Zürich auf. Sie selbst erzählt: »... als Drilling aufzuwachsen – ein wahrhaft schweres Schicksal ... Ein eineiiger Drilling zu sein, hat etwas geradezu Absonderliches, denn man kann sozusagen tot umfallen, ohne dass es überhaupt jemand bemerkt.«

Nach dem Krieg holte sie 1951 ihr Abitur nach und studierte in Zürich Medizin. 1957 legte sie ihr Staatsexamen ab und arbeitete kurze Zeit als Landärztin.

Nach ihrer Heirat ging sie in die USA und begann dort 1958 ihre Fachausbildung für Psychiatrie.

1965 übernahm sie eine Professur an der Universität von Chicago.

Ihr erstes Buch »Interviews mit Sterbenden«, das sie weltweit berühmt machte, erschien 1969. Fernsehauftritte, Vortragsreisen, Seminare und Workshops über Sterben und Tod führten sie in den folgenden Jahren in nahezu alle Länder der Welt. Weit über 20 Ehrendoktorate wurden ihr verliehen.

Seit 1978 arbeitet sie in dem von ihr gegründeten Forschungs-, Bildungs- und Heilungsinstitut »Shanti Nilaya« (»Zentrum für Wachstum und Heilung« nennt sie selbst es; der Name bedeutet: »Das letzte Heim des Friedens«) in Kalifornien.

In den letzten Jahren ist es still um die75-Jährige geworden, die schwer krank ist und mit dem Tod ringt.

Quelle:
Derek Gill, Elisabeth Kübler-Ross, Stuttgart 1994.

Lesetipps:
Befreiung aus der Angst: Berichte aus den Workshops »Leben, Tod und Übergang«, Gütersloher Verlagshaus (GTB 968)
Erfülltes Leben – würdiges Sterben (GTB 990)
Leben bis wir Abschied nehmen (GTB 955)

Die Anfänge der Hospizbewegung in Deutschland

Der Münchner Jesuit Reinhold Iblacker drehte einen Film über das St. Christopher's Hospice in London, der 1971 erstmals im Zweiten Deutschen Fernsehen gezeigt wurde: »Noch 16 Tage« hieß der Film, der leider die unsachgemäße und unsympathische Bezeichnung »Sterbeklinik« nach Deutschland transportierte. 16 Tage, das war damals die durchschnittliche Verweildauer in dem Londoner Hospiz. Der Film zeigte zum ersten Mal, wie in einem Hospiz schwerstkranke und sterbende Menschen und deren Angehörige leben und wie mit ihnen umgegangen wird: Nicht nach hygienischen und wirtschaftlichen Maßstäben eingerichtete Krankenzimmer bestimmten das Bild, sondern Wohnlichkeit und Atmosphäre; keine blinkenden, piepsenden Apparate, keine Schläuche, sondern Menschen im Gespräch miteinander oder solche, die still am Bett eines Sterbenskranken sitzen, Pflegepersonal, das mit den Kranken bei allen Verrichtungen spricht, ehrenamtliche Helferinnen und Helfer, die sich einbringen, wo sie gebraucht werden ...

Der Film löste dennoch zunächst viel negative Kritik aus: Man sprach von der Kommerzialisierung des Sterbens, man befürchtete die Ghettoisierung Sterbender und sah erste gefährliche Schritte zur Euthanasie. Der Begriff »Sterbeklinik« dürfte das seine dazu beigetragen haben, dass es zu solchen Missverständnissen kommen konnte. Bis in die 1980-er Jahre hielt die Diskussion um »Sterbekliniken« an, ehe sich durchsetzt, dass es um die nötige Verbesserung der Situation Sterbender und ihrer Angehörigen und um eine Enttabuisierung der Themen Sterben, Tod und Trauer geht.

Erst 1985 wurden in Deutschland der erste überregionale Verein, OMEGA – Mit dem Sterben leben *(siehe Anhang),* und die erste regionale Hospizinitiative (zu den hier und im Folgenden auftauchenden Begriffen der Hospizarbeit; siehe unten), der Christophorus Hospiz Verein in München, gegründet.

In München bereitete man zunächst ehrenamtliche MitarbeiterInnen und Mitarbeiter auf ihre ersten Einsätze vor. Dazu war viel Öffentlichkeitsarbeit nötig, um über die Hospizidee zu informieren und Geldgeber zu gewinnen. 1987 konnte schließlich die erste hauptamtliche Kraft zur Koordination der Einsätze von Ehrenamtlichen eingestellt werden. Und 1991 begann die erste als Hospizschwester qualifizierte Krankenschwester ihren ambulanten Dienst in München.

Das erste stationäre Hospiz in Deutschland war »Haus Hörn« in Aachen: Im November 1986 wurde das (für heutige Hospizverhältnisse riesengroße) 53-Betten-Haus als Zufluchtsort für Sterbende und chronisch Kranke von Paul Türks, einem Mitglied des Oratoriums des Heiligen Philipp Neri, einer katholischen Priestergemeinschaft, und drei Mitbrüdern gegründet.

Ein Jahr später entstand in der Ruhrgebietsstadt Recklinghausen das »Hospiz zum Heiligen Franziskus« als zweites deutsches Hospiz. Es liegt in einer ehemaligen Arztpraxis, einem umgebauten Einfamilienhaus in unmittelbarer Nähe des Elisabeth-Krankenhauses. Hier können sieben bis acht Todkranke mit ihren Angehörigen begleitet werden. Der Krankenhausseelsorger Hans Overkämping und die Ordensschwester Reginalda Kuss, die Pflegedienstleiterin des Elisabeth-Krankenhauses (gestorben 2000), setzten sich intensiv für diese Gründung ein, gegen den Widerstand vieler, insbesondere ärztlicher Mitarbeiter des Krankenhauses, die befürchteten, ein »Sterbehaus« könnte dessen Image schaden. Die Nähe zum Krankenhaus machte es aber möglich, dessen Infrastruktur, wie Wäscherei, Küche, Verwaltung, mitzubenutzen, was sich positiv auf die wirtschaftliche Rentabilität einer solchen mit acht Einzelzimmern doch recht kleinen Einrichtung auswirkte.

Neben den ersten konkreten Umsetzungen hospizlicher Ideen spielte gerade in dieser ersten Zeit die theoretische Diskussion eine große Rolle. Es galt, sich mit all den skeptischen und kritischen Stimmen auseinander zu setzen, um der Hospizidee in Deutschland

Bahn zu brechen. Johann-Christoph Student, damals Professor für Sozialmedizin an der Evangelischen Fachhochschule Hannover, war maßgebend an der Entwicklung der Hospizbewegung in Deutschland beteiligt. Er war es, der 1985 mit seinem wichtigen Aufsatz »Hospiz versus ›Sterbeklinik‹ » (in: Wege zum Menschen 37-1985, S. 260-269) die kritischen Stimmen gegen so genannte Sterbekliniken entkräftete und Hospiz als ein Konzept in der Begleitung Sterbender, einen anderen Umgang mit Sterben und Tod, deutlich werden ließ. Seiner Aufklärungsarbeit und einer Vielzahl von Veröffentlichungen zum Thema ist es mit zu verdanken, dass die Hospizbewegung in Deutschland Fuß fassen konnte.

Ende der 1980-er-Jahre nehmen sich endlich auch die beiden großen christlichen Kirchen der Hospizbewegung an; sie bezeichnen sie inzwischen als einen positiven Ansatz und greifen ihre Impulse und Anregungen auf. Da die Kirchen mit Caritas und Diakonie die größten Wohlfahrtsträgerinnen sind, bedeutete diese Entwicklung einen entscheidenden Durchbruch.

Heute (2001) gibt es mehr als 500 Hospizinitiativen, ca. 55 Palliativstationen und 64 stationäre Hospize in Deutschland. Die meisten davon wurzeln in christlichen Initiativen – aber es gibt natürlich auch andere, beispielsweise humanistische oder buddhistische Hospizinitiativen.

Der Bedarf an stationären und auch an ambulanten Einrichtungen ist damit aber längst nicht gedeckt. 1997 gab es 7,6 stationäre Betten in Palliativstationen und Hospizen pro 1 Million Einwohner; im April 1999 betrug die Zahl 12 Betten pro 1 Million Einwohner. Betrachtet man nur die verfügbaren Betten auf Palliativstationen (ohne Hospize), so liegt diese Zahl nur bei 5,1 pro 1 Million Einwohner. Obwohl es bisher kaum Anhaltspunkte für den Bettenbedarf gibt, so liegen doch die meisten Schätzungen bei ca. 50 Palliativbetten pro 1 Million Einwohner.

TIPP: Über den Mundipharma Palliativ-Service, Postfach 1350, 65549 Limburg (Lahn), kann das Verzeichnis Palliativmedizin kostenlos angefordert werden, in dem auch Hospize verzeichnet sind.

Ida Lamp

Hospizarbeit in Deutschland

Hospizlichkeit

1972 erkrankte mein Großvater an Bauchspeicheldrüsenkrebs. Nach einem Krankenhausaufenthalt, der nur zeigte, dass keine Aussicht auf Heilung bestand, wollte er unbedingt nach Hause: die eigenen vier Wände noch einmal sehen, noch einmal daheim bekocht werden von seiner Frau, von der Familie gepflegt werden und umgeben sein ... Dass es ihm auch darum ging, zu Hause zu sterben, hat er nie ausgesprochen. Zu sehr hat er am Leben gehangen und zu plötzlich hatte sich die Krankheit eingestellt, zu schnell ausgebreitet. Der Hausarzt übernahm die medizinische Versorgung zu Hause; die Schwestern von der Pflegestation des Nachbarortes haben uns Angehörige in der Pflege unterstützt. Mein Großvater starb zu Hause, umgeben von den Menschen, die er liebte.

Im folgenden Jahr erkrankte seine Frau, meine Großmutter, an Darmkrebs. Sie bekam einen »falschen Ausgang« gelegt, aber der Tumor war inoperabel. Nach der Operation kam sie aus dem Krankenhaus zu uns nach Hause. Etwa ein Jahr sollte die Pflege dauern. In den letzten Wochen konnte sie nichts mehr essen, kaum noch etwas trinken. Sie litt unter großen Schmerzen, die wir damals nicht in den Griff bekommen konnten, da man über Schmerztherapie auf dem Land noch so gut wie nichts wusste: Entweder schrie sie laut vor Schmerzen oder sie halluzinierte unter den Morphiumgaben. Hausarzt und Krankenschwestern hatten nur wenig Repertoire, um die Situation zu erleichtern. Es gab zu viele Ängste und Vorbehalte im Umgang mit Morphium-Präparaten und sehr viel Unwissenheit bei allem guten Willen. Auch meine Großmutter starb daheim, medizinisch versorgt von dem Arzt, den sie seit Jahrzehnten kannte, gepflegt von engagierten, mitmenschlichen Krankenschwestern, liebevoll begleitet von ihrer Familie.

Beide Male – und in der Folge noch oft – habe ich so Hospizlichkeit erlebt, ohne etwas von der Hospizidee zu wissen.

Hospizlichkeit, das heißt:

- Kranke und Sterbende gehören zum Leben. Sie sollen so bewusst, normal und zufrieden wie möglich leben können.

Ihnen soll Raum gegeben werden, ihr Leben authentisch und abgerundet oder auch unabgeschlossen und fragmentarisch beenden zu dürfen.

- Ärzte und Pflegepersonal unterstützen Nahestehende in der Pflege; sie sind keine Götter, sondern Mitmenschen, die ihre fachliche Kompetenz zum Wohl aller Betroffenen einsetzen.
- Menschen, die auf ihren Tod zugehen, haben das Recht, von ihren Angehörigen und Freunden versorgt zu werden, soweit sie – das gilt wechselseitig – das wollen und vermögen.
- Menschen, deren Erkrankung nicht mehr heilbar ist, haben das Recht, dass alles Erdenkliche für ihr Wohlbefinden getan wird; diese Therapie der Zuwendung und Mitmenschlichkeit und die vielen therapeutischen Möglichkeiten, die damit zusammenhängen, sind immer noch und bis zuletzt möglich.
- Menschen haben das Recht, Handlungen an sich zu verweigern, wenn sie darin keinen Sinn mehr sehen.
- Menschen haben das Recht, im Sterben nicht allein zu sein, wenn das ihr Wunsch ist.
- Schwerkranke Sterbende haben das Recht, möglichst schmerzfrei zu sein.
- Kein Mensch hat das Recht, das Leben eines anderen zu verkürzen. Das Selbstbestimmungsrecht der Sterbenden stößt an diese Wertgrenze, der sich die Hospizbewegung verpflichtet weiß.

Hospizlichkeit in diesem Sinne und hospizliches Handeln gehören nicht allein in Hospize. Oder anders gesagt: Hospiz ist kein Haus, keine Institution, sondern eine Idee und ein Konzept. Ganz ausdrücklich will die Hospizbewegung eine neue Institutionalisierung vermeiden. Sie vertritt als Standpunkt: Überall da, wo gestorben wird, kann Hospizlichkeit gelebt werden: in Krankenhäusern und Altenheimen, in Pflegeeinrichtungen und zu Hause. Und sie kann unabhängig von jeder Konfession gelebt werden, auch wenn natürlich der eigene Glaube die Haltung dem Menschen, seinem Leben und Sterben gegenüber bestimmt.

Hospizlichkeit voran zu bringen – das ist das große Anliegen der Hospizbewegung für dieses erste Jahrhundert im neuen Jahrtausend. Die Bewegung hat in den zwei Jahrzehnten, in denen sie in Deutschland Fuß gefasst hat, ganz unterschiedliche Arbeitsformen ausgeprägt. Sie reichen von der Vermittlung hospizlichen Denkens und Handelns in allgemeinen Bildungsveranstaltungen bis hin zu ehrenamtlichem Engagement in den unterschiedlichsten Einrichtungen der Pflege. Viele ÄrztInnen, AltenpflegerInnen und KrankenpflegerInnen haben die Hospizidee in Einrichtungen hineingetragen, in denen sie tätig sind. Salopp gesagt: Es steht längst nicht überall Hospiz drauf, wo Hospiz drin ist (und leider steht zu befürchten, dass es bald auch umgekehrt sein wird!).

Die Hospizbewegung ist eine breite BürgerInnenbewegung geworden, in der sich Tausende Menschen engagieren. Noch immer wachsen Hospizgruppen, -initiativen und -vereine wie Pilze aus dem Boden.

Ihre Aufbruchphase hat die Bewegung längst hinter sich, langsam setzt nach einer Phase der Konsolidierung nun eine Phase der Institutionalisierung und gesellschaftlicher Eingliederung ein. Damit verbunden sind beispielsweise:

- Entwicklung einer flächendeckenden Grundversorgung
- Entstehung eines Verbundes von Trägervereinen mit einem Dachverband (Dieses Ziel verfolgt die Bundesarbeitsgemeinschaft – BAG – Hospiz – *siehe Anhang*)
- Entwicklung von eigenen Ausbildungsgängen sowohl für ehrenamtlich Tätige als auch für alle Disziplinen, die hauptamtlich tätig werden, wie Pflegekräfte, SchmerztherapeutInnen, SeelsorgerInnen
- Entwicklung fachlicher Standards
- Integration in vorhandene Institutionen und Großorganisationen

Irgendwann wird die Entwicklung wohl so sein, dass Menschen einen rechtlich gesicherten Anspruch auf hospizliche Hilfeleistung haben und dass die Finanzierung von Hospizplätzen bzw. von Hospizarbeit (und Hospiz-Arbeitsplätzen!) gesichert ist. Schon jetzt arbeiten Lobbyisten und Gesundheitsorganisationen daran, dass es in Zukunft möglich sein wird, sich einen Hospizplatz mit einer eigenen Versicherung zu erkaufen.

Es bleibt zu hoffen, dass die Grundsätze der Hospizbewegung sich über die Institutionalisierung hinweg retten können; vor allem:

- dass im Hospiz die Bewohner, Gäste, Patienten bestimmen und nicht ein Arzt oder das Pflegepersonal;
- dass ins Hospiz keiner einfach überwiesen und »abgeschoben« werden kann; hierhin sollte jemand nur kommen, wenn er oder sie das ausdrücklich wünscht;
- dass im Hospiz Angehörige (Verwandte, Freunde) wie die Todkranken, denen sie sich zugehörig fühlen, begleitet und – wo möglich und gewollt – in die Pflege einbezogen werden und
- dass auch Hinterbliebene noch menschliche Zuwendung und, wenn nötig, professionelle Begleitung erfahren.

Die Hospizbewegung als eine medizin-, pflege- und kulturkritische Bewegung kann nicht in der Kritik verharren: Andere werden von ihr und den aus ihr hervorgegangenen Hospizen lernen; Hospizlichkeit wird sich weiter ausbreiten – und das ist wünschenswert und gewollt. Die Tabuthemen werden zunehmend aufgegriffen und neue Handlungsansätze auch in alten Feldern der Pflege und Medizin geschaffen (werden). Fehler, die die Hospizbewegung gemacht hat und macht, werden sich nach und nach zeigen und auch im eigenen Bereich zu Veränderungen führen. Längst ist beispielsweise allen, die sich der Hospizidee verschrieben haben, klar geworden, dass es um Vernetzung, um gemeinsames Handeln aller gehen muss, die es mit Sterbenden zu tun haben. Aus dem bürgerschaftlichen Engagement von Menschen, die unter Umständen überhaupt nichts mit Medizin oder Pflege beruflich zu tun hatten, ist mittlerweile auch eine Bewegung engagierter Fachleute unterschiedlichster Professionen im Umfeld sterbenskranker (und alter) Menschen geworden. Die Palliativmedizin (siehe Palliative Care, Seite 28 ff.) hätte sich ohne die Hospizbewegung nie so entwickeln und etablieren können!

Da sich – so haben verschiedene statistische Untersuchungen bestätigt – die meisten Menschen (über 90 % heißt es) wünschen, zu Hause zu sterben, war dies lange Jahre der Grundsatz der Hospizbewegung: ambulant, also Pflege zu Hause mit der Unterstützung von Pflegediensten und Ehrenamtlichen, vor stationär. So wird das heute nicht mehr allenthalben gesagt, weil deutlich geworden ist, dass es Pflegesituationen gibt, die einen stationären Aufenthalt als die beste Lösung für den Sterbenskranken wie für seine Angehörigen erscheinen lassen. Die Gründe dafür sind sehr vielfältig. Andeutungsweise seien einige herausgegriffen: Wohnverhältnisse, schwierige Beziehungen, psychische oder physische Überforderung der Angehörigen oder auch krankheitsbedingte Notwendigkeiten.

Entscheidend bleibt es wohl, wie den Interessen des sterbenskranken Menschen am besten gedient ist: Wo und wie kann sich der Patient und können sich seine Angehörigen am wohlsten fühlen? Wie können die Betroffenen selbst eine für sie gute Entscheidung treffen?

Wichtig bleibt dann über den ganzen Prozess der Erkrankung bis zum Sterben hin, wie die verschiedenen Dienste und Einrichtungen im Sinne des Kranken und der anderen von seiner/ihrer Krankheit Betroffenen zusammenarbeiten. Da gilt es denn auch immer wieder zu vermeiden, dass Strukturen die Abläufe festfahren oder wirtschaftliche Argumente Möglichkeiten für Betroffene verstellen. Und wichtig erscheint mir auch, ein Bewusstsein dafür zu schaffen, dass es kein »Sterben erster Klasse« gibt: Das Sterben bleibt immer ein Abgrund, der sich vor uns auftut, der Tod bleibt ein Riss, der tief in unser Leben schneidet! Es gilt aber, alles dafür zu tun – und zwar überall, wo Menschen sterben! –, dass kein Mensch allein sterben muss, der dies nicht ausdrücklich will, und dass keiner unter qualvollen Schmerzen leidet.

Formen der Hospizarbeit

Hospizarbeit in Deutschland ist nach wie vor ein buntes, fast undurchdringliches, sehr kreatives und innovatives Arbeitsgebiet, in dem sich unterschiedlichste Menschen aus unterschiedlichsten Motiven heraus engagieren. Im Folgenden soll versucht werden, grob die verschiedenen Begriffe zu erläutern, ohne dass auf alle Differenzierungen eingegangen werden kann.

Hospiz-Initiativen

Die Hospizinitiativen stellen mit mehr als tausend Gruppen nicht nur die zahlenmäßig wichtigste Größe innerhalb der Hospizbewegung dar. Sie sind sozusagen der Sauerteig der Hospizarbeit. Sie firmieren als Hospiz-Initiativen, -Gruppen, -Hilfen, -Vereine, -Bewegungen und -Dienste.

Meist auf Grund eigener Erfahrungen mit kranken und sterbenden Angehörigen entsteht bei Menschen die Idee: Es muss doch auch anders gehen, menschlicher, menschenwürdiger, ohne so viel Schmerzen, selbstbestimmter, mit mehr Entlastung ... Menschen tun sich zusammen, wollen ihre Erfahrungen öffentlich machen und Veränderungen anstreben. Sie wollen gemeinsam etwas erfahren und lernen über das, was im Sterben hilfreich sein kann, über Schmerztherapie und eigene Einsatzmöglichkeiten, nachdenken über Leid und Trauer, Krankheit und Heilung.

Aus Betroffenen und Interessierten werden überall in Deutschland Gruppen engagierter Ehrenamtlicher, die Öffentlichkeitsarbeit leisten, Veranstaltungen organisieren und praktische Dienste in der Begleitung von Schwerstkranken und alten Menschen, Sterbenden und ihren Angehörigen leisten. All das geschieht unentgeltlich! Leitend ist allein das Motiv, die Hospizidee in alle Bereiche des Gemeinwesens sowie in Sozialstationen, in Alten- und Pflegeheime, in Krankenhäuser zu tragen. Die Sterbe- und Trauerkultur in Deutschland soll sich verändern – das ist die große Vision!

Manche Initiativen spüren nach einer Zeit, dass mehr Organisation, dass Struktur, dass Gelder nötig sind, um weiterzukommen. Sie gründen einen Förderverein, dessen Mitglieder die Hospizidee finanziell unterstützen, ohne selber tätig zu werden. Sie gründen einen Verein, um eine klarere Organisationsstruktur zu bekommen. Sie suchen sich Arbeitsgemeinschaften und Dachorganisationen, die ihr Engagement professionell unterstützen.

Da und dort haben die Hospizinitiativen eine Größe erreicht, die es nötig macht, dass die Qualifizierung und der Einsatz der Ehrenamtlichen koordiniert werden. Da wird dann meist auch die Unterstützung durch Hauptamtliche nötig.

Kooperation von Vereinen

Ziel jeglicher Kooperation zwischen einzelnen Hospizinitiativen muss es in erster Linie sein, ein weitgespanntes Netzwerk entstehen zu lassen, das sich der gemeinsamen Hospizaufgabe verpflichtet fühlt und das die vielfältigen und sich überschneidenden Aufgaben gemeinsam verfolgt. Voraussetzung dafür ist die gegenseitige Akzeptanz sowie Unterstützung, damit ein wechselseitiger Informationsaustausch stattfinden kann und gemeinschaftliche Aktivitäten im Bereich der Hospizarbeit in der Region angeboten werden können, ohne dass einzelne Interessen im Vordergrund stehen.

Am Beispiel der Hospizinitiativen der Stadt und des Kreises Gütersloh lässt sich ein gelungenes Zusammenspiel der einzelnen Gruppen und Vereine darstellen:

Im gesamten Kreis haben sich mittlerweile acht Initiativen etabliert, deren grundlegender Kontakt sich untereinander größtenteils schon aus dem Umstand ergab, dass die meisten aktiven Mitglieder einen Hospizhelferkurs belegten, angeboten vom Verein zur Förderung des Hospizes am Städtischen Krankenhaus Gütersloh e. V. mit anschließendem Praktikum auf der dortigen Palliativstation. So hat sich speziell dieser Verein auch im Laufe der Zeit vorrangig zur Koordinationsstelle und oftmals zum Treffpunkt für die einzelnen Gruppen entwickelt. Es werden von dort aus u. a. auch zahlreiche Begleitungen von Patienten, die die Palliativstation wieder verlassen können, an Hospizmitarbeiter in Ortsnähe des Patienten vermittelt.

Eine wichtige Grundlage der erfolgreichen Zusammenarbeit sind die halbjährlichen Koordinationstreffen, wo Vertreter der einzelnen Gruppen zum Austausch von Informationen, Erfahrungen, Weiterbildungsangeboten, Problemstellungen usw. zusammenkommen. Hier kann man sich auch einen Überblick über die Aktivitäten der anderen Initiativen verschaffen und gemeinsame Projekte planen und vorbereiten. Dazu gehört beispielsweise der zusammen organisierte und ausgerichtete Hospiztag oder gemeinsam durchgeführte Aktionswochen zu ausgewählten Schwerpunktthemen.

Des Weiteren gehören zu diesem Miteinander der Gütersloher Vereine die gegenseitigen Einladungen zu verschiedenen Gruppenaktivitäten, das Angebot von Hilfestellungen bei Vereinsneugründungen in Form von Gesprächen, Gastvorträgen oder Ähnlichem und nicht zuletzt die Einrichtung einer ständigen gemeinsamen Arbeitsgruppe zum Thema Patientenverfügung – Vorsorgevollmacht – Betreuungsverfügung. Diese Projektgruppe beschäftigt sich intensiv mit den komplexen Sachverhalten bei der Erstellung einer individuellen Patientenverfügung aus ethischer, medizinischer und juristischer Sicht, um den einzelnen Hospizinitiativen eine kompetente Beratung interessierter Bürger zu ermöglichen.

Die Verbundenheit untereinander erleichtert es u. a., den Hospizgedanken öffentlicher zu machen, ihn einzubringen und zu verankern in stationären Einrichtungen und ambulanten Diensten, um so miteinander und damit effektiver die hospizliche Versorgungssituation entscheidend zu verbessern. *Susanne Myller*

Ambulante Hospizarbeit

Sitzwach(en)gruppen

Die ersten Sitzwachengruppen sind bereits 1984 im Rahmen kirchengemeindlicher Besuchsdienste von Alten- und Pflegeheimen, vor allem im Stuttgarter Raum, entstanden. Mit Unterstützung von ehrenamtlichen Mitarbeiterinnen und Mitarbeitern sollten alte Menschen in ihrem Sterben begleitet werden. Gerade in den Nächten erleben Menschen besonders intensiv Einsamkeit und Ängste. Das Wort »Wache« wollte deutlich machen, dass das Dasein, die menschliche Nähe, besonders in der Nacht wichtig ist. Angehörige der Sitzwachgruppen sitzen dann in der Regel zwischen zwei und vier Stunden – aber manchmal mehrere Tage und Nächte lang und natürlich oft ergänzend zum Wachen von Angehörigen und Freunden – an den Betten von Schwerkranken und Sterbenden, um ihnen beizustehen. Aus diesen Sitzwachengruppen haben sich später auch Hospizdienste entwickelt, die Pflege zu Hause, eigene Weiterbildung und Gedankenaustausch zu den Erfahrungen sowie Öffentlichkeitsarbeit als ihre Anliegen sahen.

Ambulante Hospiz- oder Palliativdienste

Die BAG Hospiz hat Definitionen ambulanter Hospizarbeit erarbeitet, um eine einheitliche Sprachregelung zu schaffen. Die von ihr getroffene Unterscheidung findet längst noch nicht überall sprachliche Anwendung. Eine Einheitlichkeit in den Bezeichnungen ist aber durchaus anzustreben – auch und vor allem für das Gespräch mit Politik, Krankenkassen usw.

Definitionen ambulanter Hospizarbeit der BAG Hospiz

Nach Vorgabe der BAG Hospiz sind vier Formen ambulanter Hospizarbeit zu unterscheiden:

- *ambulante Hospizinitiative und Hospizgruppe* (Aufgaben: Öffentlichkeits- und Bildungsarbeit, psycho-soziale Begleitung in der Zeit der Krankheit und Trauerbegleitung durch geschulte Ehrenamtliche.)
- *ambulanter Hospizdienst* (Die Aufgaben entsprechen sich, jedoch gibt es ein Hospizbüro mit festen Bürozeiten und eine hauptamtliche, fachlich qualifizierte Koordinatorin.)
- *ambulanter Hospiz- und Palliativ-Beratungsdienst* (Hier kommt die Beratung über palliativ-pflegerische Maßnahmen und die Vermittlung weiter gehender Hilfen zum Aufgabenspektrum hinzu. Es soll mindestens eine hauptamtliche Palliative-Care-Pflegefachkraft mitarbeiten. Immer soll ein ambulanter Hospizdienst integraler Bestandteil sein!) und
- *ambulanter Hospiz- und Palliativ-Pflegedienst* (Hier wird die Pflege – ggfls. auch Grundpflege – von den mindestens drei hauptamtlichen Pflegefachkräften geleistet. Sie leiten ggfls. Angehörige bei palliativ-pflegerischen Maßnahmen an. Es sollte eine 24-Stunden-Rufbereitschaft geben sowie eine Anbindung an palliativ-medizinische Konsiliardienste.)

Ambulante Pflege gab es ja nun längst vor der Hospizidee – was ist anders geworden? Die Gemeindeschwester war schon früher eine Institution im Ort oder Stadtviertel.

Wenn ich an die Schwestern denke, die ich früher erlebt habe, waren das engagierte, kompetente Frauen, für die der Mensch im Mittelpunkt stand und die bei der Pflege nicht auf die Uhr geschaut haben. Sie haben immer wieder überlegt, wie sie die Situation des Kranken optimaler gestalten könnten. Die Schwestern von der Sozialstation sind auch ins Sterbezimmer gerufen worden, selbst wenn der Tod schon eingetreten war – und sie kamen immer! Sie haben den Leichnam mit Angehörigen zusammen gewaschen und ein Gebet am Totenbett gesprochen.

Ein Unterschied der ambulanten Hospizdienste zu den traditionellen ambulanten Pflegediensten ist das ehrenamtliche Engagement. Das, was in meiner Kindheit auf dem Land noch da und dort die Nachbarschaft selbstverständlich füreinander geleistet hat, das ist heute freiwilliges, ehrenamtliches Engagement geworden. Es ist aus der Hospizbewegung nicht wegzudenken! Die Gründe dafür sind vielfältig und reichen von der Auflösung klassischer sozialer Systeme wie der Familie und der Nachbarschaft bis hin zu stärkerer Mobilität und Individualisierung der Menschen.

Die Arbeit eines ambulanten Hospizdienstes baut jedenfalls auf das freiwillige Engagement von Menschen, die sich von der Not anderer betreffen lassen. Ehrenamtliche sind bereit, bei der Korrespondenz zu helfen, Fahrdienste zu organisieren, bei Spaziergängen, Theater- und Kinobesuchen oder bei Arztterminen zu begleiten, Besorgungen zu erledigen, bei sachlichen Fragen – wie Patientenverfügungen, Pflegeanträge, Pflegemittel u. Ä. – zu beraten und zu unterstützen, wenn ein (allein stehender) Patient das wünscht oder Angehörige auf solche Unterstützung angewiesen sind. Sie suchen mit dem oder den Menschen nach Gestaltungsformen des sterblichen Lebens – das kann von Gesprächen über den Fortgang der Therapie bis hin zu religiös-philosophische Fragen, vom Vorlesen von Texten bis zum gemeinsamen Gebet oder Schweigen reichen.

Wenn die Situation es erfordert, dann helfen Ehrenamtliche bei so genannten pflegerischen Hilfsdiensten wie Essen reichen, das Bett richten u. Ä. Und eine für Angehörige unschätzbare Unterstützung: Sie halten mit Nachtwache oder sind in Krisensituationen ansprechbar.

Alle diese Angebote ergänzen und begleiten die fachlichen Dienste, die ebenfalls in einem hohen Maß darauf ausgerichtet sind, dem Selbstbestimmungsrecht des Kranken und seiner Selbständigkeit und Mobilität wie seinem Optimum an Lebensqualität zu dienen.

Ein Hospizdienst hat oftmals eine 24-Stunden-Rufbereitschaft, die Betroffenen und ihren Angehörigen die nötige Sicherheit geben soll, jederzeit einen kompetenten Ansprechpartner zu finden und gut versorgt zu sein.

Die Fachkräfte ambulanter Hospizdienste haben hervorragende Kenntnisse und Erfahrungen in Schmerztherapie und Symptomkontrolle. (Symptomkontrolle bedeutet, dass alle mit der Krankheit und mit Schmerzen einhergehenden Begleiterscheinungen beobachtet und für die weiteren Pflegemaßnahmen ausgewertet werden.) Sie verstehen sich nicht isoliert als Pflegende; sie wollen neben ihrer besonderen Kompetenz in der Versorgung von Sterbenden die Bereitschaft zum Gespräch mitbringen. Sie wollen sich ganzheitlich der Not des/der anderen stellen, dem Schmerz wie der Hoffnung.

Dazu gibt es jedoch in den Bundesländern unterschiedliche Regelungen. In Rheinland-Pfalz beispielsweise gehört Pflege gar nicht zu den Aufgaben ambulanter Hospizarbeit.

Vor allem die Unterstützung durch ehrenamtliche Mitarbeiterinnen und Mitarbeiter, deren Einsätze von KoordinatorInnen geplant und begleitet werden, scheint dann das Unterscheidungsmerkmal zu anderen Pflegediensten zu sein.

Anders als im stationären Bereich gibt es im ambulanten Hospizdienst nur einige wenige Hauptamtliche (oft nur ein oder zwei, häufig teilzeitbeschäftigt). Ihre Aufgaben bestehen im ambulanten Bereich vor allem in

- Beratung von Patienten und deren Familien, telefonisch und/oder durch Hausbesuche,
- Unterstützung in Fragen von palliativer Therapie und Symptomkontrolle,
- Vermittlung weiterer Fachdienste wie
    - Sozialstation oder Pflegedienst,
    - Palliativstation,
    - Stationäres Hospiz,
    - Seelsorge,
    - Psychologische Beratung u. Ä.,
- Vernetzungsarbeit mit anderen Einrichtungen der medizinischen und psychosozialen Versorgung,
- Präsenz in der Geschäftsstelle/Büro zu regelmäßigen Sprechzeiten,
- Aufbau einer Präsenzbibliothek,
- Öffentlichkeitsarbeit,
- Koordinierung des Einsatzes von Ehrenamtlichen im häuslichen Bereich,
- Planung der Begleitung von Ehrenamtlichen und der Supervisionsangebote für Ehrenamtliche,
- Planung und Durchführung von Vorbereitungsseminaren, Fortbildungsveranstaltungen und gemeinschaftsstiftenden Aktivitäten für Ehrenamtliche.

Da und dort gibt es ambulante Hospiz-Dienste, die größer und mit Krankenpflegekräften besetzt sind. Zu deren Aufgaben gehören dann oft auch Grund- und Behandlungspflege.

Die ambulante Arbeit wird aber unabhängig davon, ob es Krankenpflegekräfte gibt oder eine Koordinatorin die Arbeit organisiert, durch ehrenamtliche Mitarbeiterinnen und Mitarbeiter mitgetragen. Bei den Ehrenamtlichen gibt es solche, die sich für die patientennahe Arbeit zur Verfügung stellen und sich durch Seminare ausführlich darauf vorbereitet haben, und solche, die sich z.B. in der Öffentlichkeitsarbeit, im Telefondienst, bei kleineren Büroarbeiten oder in der Vorstandsarbeit engagieren. Auch sie sind für ihre jeweiligen Aufgabenschwerpunkte vorbereitet worden oder können Fortbildungsangebote in Anspruch nehmen.

Von allen Beteiligten wird ein hohes Maß an Teamfähigkeit und Kooperations- und Kommunikationsfähigkeit erwartet. Im ambulanten Bereich ist jeder und jede Einzelne in größerem Maße als im stationären Bereich selbstverantwortlich und in vielen Situationen allein tätig. Umso wichtiger ist es, dass Informationen verlässlich übermittelt und Absprachen verbindlich eingehalten werden.

Palliative Care

»Palliative Care« (auch Palliativmedizin) meint die aktive, ganzheitliche Behandlung, medizinisch-pflegerische Versorgung und Begleitung von Menschen, die dann notwendig wird, wenn keine kurative (das heißt auf Heilung ausgerichtete) Behandlung und Pflege mehr möglich sind. (»Palliative«, von lateinisch »Pallium« = Mantel, steht für symptomlindernd; das englische Wort »Care« für die ganzheitliche Sorge und Pflege des Menschen.)

Unter »Palliative Care« versteht man spezielle Kenntnisse in Schmerztherapie und Symptomkontrolle, also der Wahrnehmung, Überwachung und Behandlung aller durch die Erkrankung und die Einnahme von Medikamenten auftretenden Symptome.

Die Einnahme von Schmerzmedikamenten kann mit Nebenwirkungen einhergehen; dabei stehen Verstopfung, Übelkeit und Erbrechen im Vordergrund. Solche Nebenwirkungen können durch geeignete Maßnahmen weitgehend verhindert oder behandelt werden. Palliative Care-Fachkräfte stehen mit ihrem speziellen Knowhow in solchen Fragen den Betroffenen fachkundig zur Seite. Aber auch über die Ängste im Umgang mit Opioiden (Medikamente, die Opium, Morphium enthalten) sprechen die Fachkräfte mit den Betroffenen (Kranken und Nahestehenden) und erklären beispielsweise, dass trotz der Einnahme von Morphium in hohen Dosierungen keine Suchtgefahr besteht oder wie mit der Müdigkeit oder mit Atemnot umzugehen ist.

Zusammen mit dem Arzt/der Ärztin wird ein Therapieplan auf die individuellen Notwendigkeiten des Kranken abgestimmt. Gegebenenfalls zeigen die Pflegekräfte dem Kranken, wie er ein Schmerztagebuch führen kann, damit sie auf seine Bedürfnisse gut eingehen können.

Diese Zusatzqualifikation, die alle Professionellen im Hospiz-Team erwerben können, vermittelt einerseits spezielle Fachkenntnisse im Umgang mit Schmerzpatienten, andererseits wird an der Zusammenarbeit unterschiedlicher Berufsgruppen gearbeitet, auf die Vermittlung kommunikativer Kompetenzen geachtet und es werden Haltungen des Miteinanders reflektiert. Bei der Palliativ Care-Ausbildung geht es außerdem darum, neben den körperlichen Beschwerden von Kranken auch die psychosozialen, geistigen und religiösen Faktoren ihrer Schmerzen in den Blick zu bekommen, um den Kreislauf von Angst, Schmerz, Niedergeschlagenheit, Traurigkeit, Depression und sozialer Isolation und Verstärkung des Schmerzes zu durchbrechen.

Palliative Care-Fachkräfte wollen Menschen auch nach dem Tod des Kranken nicht allein lassen: Sie helfen bei der Versorgung des Toten und begleiten die Angehörigen auf Wunsch auch auf dem Weg der Trauer.

Die pflegerischen Fachkräfte eines Hospizes haben mittlerweile fast alle die Weiterbildung »Palliative Care« absolviert oder werden in den nächsten Jahren entsprechend ausgebildet. Für die anderen haupt- und vor allem für die ehrenamtlichen MitarbeiterInnen steht diese Qualifizierung noch weitgehend aus.

Aufgaben von Palliative Care im Überblick:

- Durchführung der Grundpflege
- Mitwirkung bei der Einleitung und Überwachung *ärztlich verantworteter* Schmerztherapie

- Anregen und Umsetzen vorbeugender Maßnahmen bei krankheits- und therapiebedingten Komplikationen (wie Übelkeit, Erbrechen, Verstopfung und Blutung, Verwirrtheit und Angst)
- Überwachen der Dosierung und Verabreichen von Medikamenten
- Kontrollieren intravenöser (in die Blutbahn gehender) und peridualer (in den Wirbelkanal gelegter) Zugänge
- Überwachen notwendiger apparativer palliativ-medizinischer Maßnahmen (wie z. B. parenterale, »künstliche« Ernährung)
- Versorgung bei Atemstörungen und Atemnot
- Umfassende Behandlung exulzerierender (das sind nach außen aufbrechende) Tumore
- Beratung, Anleitung und Begleitung der Umsetzung palliativer Maßnahmen für Kranke, Angehörige und andere Pflegende
- Begleitung, auch über den Tod hinaus, wenn Hinterbliebene das wünschen

Brückenpflege

Hinter dem Stichwort »Brückenpflege« verbirgt sich ein seit etwa zehn Jahren bestehendes Pflegemodell, das Krebskranken ermöglichen soll, möglichst frühzeitig aus dem Krankenhaus in den häuslichen Bereich zurückkehren zu können. Es geht dabei darum, Pflegestrukturen zu schaffen, die einerseits eine optimale – palliative – Pflege in der häuslichen Umgebung, andererseits eine jederzeit mögliche Rückkehr in ein Krankenhaus sicherstellen. Dazu ist es erforderlich, dass Tumorzentren und Onkologische Schwerpunkte entstehen, von denen aus speziell ausgebildete medizinische und pflegerische Fachkräfte tätig werden können. Auch Ehrenamtliche haben in diesem System ihren Platz; mit »Brückenschwester« sind dann nicht nur speziell ausgebildete Krankenschwestern gemeint, sondern Koordinationskräfte, die die Einsätze von Ehrenamtlichen vorbereiten und begleiten.

Derzeit wird »Brückenpflege« vor allem in Baden-Württemberg durchgeführt. Es existieren zudem Modellprojekte in verschiedenen Städten wie Hamburg und Berlin. Für die Krankenkassen stellt die Wirtschaftlichkeit solcher Modelle das erste Argument dar, nicht der Nutzen für die Betroffenen. So ist es nach wie vor schwierig, diese Art der Pflege finanziert zu bekommen.

Derzeit wird noch ein erheblicher Teil der Kosten durch Spenden gedeckt.

Stationäre Hospizarbeit

Tageshospize als teilstationäre Einrichtungen

Tageshospize sollen – so die Idee – die ambulanten Pflegeangebote ergänzen und unterstützen, getreu dem Hospizprinzip, so lange wie möglich die Pflege zu Hause zu ermöglichen. Doch, das sei vorweg festgestellt, sie haben in Deutschland einen schweren Stand. Die Gründe dafür sind noch nicht erforscht.

Die Modelle für Tageshospizpflege – seit 1994 in Deutschland erprobt – sind recht unterschiedlich. Es gibt Einrichtungen wie das Tageshospiz in Halle, die Gäste tageweise an zwei oder drei Wochentagen für mehrere Stunden aufnehmen und an diesen Tagen feste, geschlossene Gästegruppen bilden. Das Franziskus-Hospiz Hochdahl nimmt Tagesgäste montags bis donnerstags von 8–16.15 Uhr, freitags von 8–14.15 Uhr auf, manche Gäste kommen an allen fünf Tagen, manche nur an einem Tag in der Woche – es gibt also keine feste Gruppen, die miteinander den Tag verleben. Die Gäste können das große Wohnzimmer, den kleineren Terrassenraum (mit einem Zugang nach draußen zur Terrasse) oder den Ruheraum benutzen. Das Franziskus-Hospiz Hochdahl verfügt zudem über einen Therapeutenraum, den Ärzte für ihre Sprechstunde, für Infusionen, Spritzen u. Ä., Physio- und Ergotherapeuten für ihre Therapien nutzen können und der auch sonst als Rückzugsmöglichkeit oder für Gespräche dienlich ist. Außerdem hat es ein behindertengerechtes Bad, so dass Gästen auch einmal ein Wannenbad angeboten werden kann.

Angaben zu den Aufnahmekapazitäten von Tageshospizen schwanken zwischen 6 und 16 Personen. Als Gründe für recht kleine Gruppen werden meist der entstehende Geräuschpegel sowie die personellen Notwendigkeiten (HospizpatientInnen brauchen Intensivpflege!) genannt. Da es noch keine Standards für Tageshospize gibt, werden räumliche und personelle Ressourcen mit Erfahrungen, die man macht, in Abgleich gebracht werden müssen.

Aus dem Gesagten ergeben sich neben den Vorteilen auch schon die Grundbedingungen, die mit der Tagespflege von Hospizpatienten verbunden sind:

- Die Gäste eines Tageshospizes müssen hinreichend mobil sein, um den Weg zum Hospiz zurücklegen zu können. (Die Transportkosten sind in der Regel selbst zu tragen.)
- Sie müssen bereit und in der Lage sein, einen ganzen Tag in einer Gruppe zusammen mit anderen Menschen zu verbringen.

Der Grundauftrag der Tageshospize ist es, da zu unterstützen, wo vollstationäre Aufnahme (noch) nicht angesagt ist, aber dennoch »Tapetenwechsel« und palliative Versorgung von Kranken nötig oder Entlastungsmöglichkeiten für Angehörige angeraten erscheinen.

Daher müssen die Mitarbeiterinnen und Mitarbeiter eines Tageshospizes

- wie im ambulanten und stationären Bereich palliative Pflege kennen und anwenden können.
- Sie müssen – anders als in den anderen Hospizbereichen – fähig sein, gruppenbildend zu wirken und mit altersgerechten, zielgruppenspezifischen Angeboten den Tag zu strukturieren.
- Sie müssen sehr flexibel auf die Bedürfnisse kranker (häufig auch alter) Menschen eingehen können. In einem Tageshospiz muss es zwar Angebote für die Gäste geben, aber kaum einmal ist etwas nach Plan »durchzuziehen«.

Im Idealfall bietet ein Tageshospiz die Begegnung von gleich Betroffenen. Die Praxis zeigt, dass das nicht immer so ist: Der unterschiedliche körperliche, geistige und seelische Zustand der Gäste, Altersunterschiede, soziale Unterschiede u. a. m. können sich gravierend auswirken. Mag sein, dass das neben der Finanzierungsfrage (Eigenanteil: ca. 70,– DM (ca. 35 Euro) pro Tag) das größte Problem dieser hospizlichen Einrichtung ist.

Einige Grundsätze für ein Tageshospiz:

- Es braucht mindestens eine Pflegekraft. Der Einsatz von ehrenamtlichen Kräften ist unverzichtbar. Man rechnet mit ein bis zwei Personen pro Gast, die zur Betreuung/Begleitung nötig sind.

- Die benutzten Räume müssen behindertengerecht sein. Es braucht unbedingt einen Raum für »Ruhe«, einen für »Unruhe«, die beide eine gute Größe – mit entsprechendem Bewegungspielraum für Rollstuhl und Rollator (Gehhilfe) – haben sollten.
- Für das Mittagessen muss gesorgt sein.

Nachthospize, insbesondere für allein stehende Menschen, die nachts unter Unruhe und Angst leiden, gibt es in Deutschland (anders in den angelsächsischen Ländern und Nordamerika) noch nicht. Auch Angebote fürs Wochenende fehlen.

Stationäre Hospize

Stationäre Hospize sind selbständige, kleine Pflegeeinrichtungen mit 8 bis 12 (in der Regel max. 16) Zimmern und wohnlichem Charakter. Die Atmosphäre soll mehr einem privaten Haus als einem Krankenhaus oder Pflegeheim gleichen. An Häuser für ihr Hospiz kommen viele Hospizinitiativen durch eine Erbschaft oder Schenkung. Doch damit fangen die Probleme oft erst an. In Hochdahl hatte beispielsweise der Hospizverein zwar ein Haus, aber Bürgerproteste verhinderten, dass dort Sterbende einziehen konnten. In Bernried in Oberbayern hat es der Gemeinderat noch im März 2000 abgelehnt, ein Hospiz in einem Wohngebiet zu errichten, in dem der Verein ein Wohnhaus geerbt hatte mit der Auflage, dort ein stationäres Hospiz einzurichten. Andere Gemeinden dagegen formulieren ausdrücklich das Recht von alten und kranken Menschen, die verbleibende Zeit ihres Lebens frei zu gestalten und in einem Wohngebiet ihrer Wahl zu leben. Politisch bleibt also noch viel zu tun, bis Sterben im Leben selbstverständlich Platz hat!

Wünschenswert ist jedenfalls, dass um ein Hospiz herum das alltägliche Leben pulsiert. Im Franziskus-Hospiz Hochdahl genießen es viele der Bewohner, die Kinder zu hören, die in den Kindergarten oder die Schule in der Nachbarschaft gehen. Da dieses Hospiz in der Nähe der Kirche liegt, ist selbst sonntags auf der Straße vor dem Haus etwas los. Solche Faktoren sind bei der Standortwahl für ein stationäres Hospiz nicht unwichtig.

Die Ausstattung soll dem Anliegen, schwer kranken, sterbenden Menschen palliativ-pflegerische, soziale, geistig-seelische und religiöse Bedürfnisse zu erfüllen, gerecht werden. Neben einem Dienstzimmer des Pflegepersonals gibt es daher auch eine Küche, einen gemeinsamen Ess-Raum und ein Wohnzimmer sowie meist eine Kapelle oder einen Raum der Stille.

Zu den baulichen Voraussetzungen gehört ebenfalls ein Raum zur Aufbahrung und Verabschiedung, in dem der/die Verstorbene mindestens 24 Stunden verbleiben kann. Er soll es Angehörigen und Nahestehenden ermöglichen, im geschützten Raum Abschied zu nehmen.

Stationäre Hospize verfügen über ein kompetentes, speziell palliativmedizinisch, onkologisch oder intensivpflegerisch geschultes Pflegepersonal. Der Pflegeschlüssel ist relativ hoch, das bedeutet, dass auf einen Kranken mindestens eine Pflegekraft kommt.

Die pflegerische Arbeit wird durch verschiedene Berufsgruppen wie Sozialarbeiter, Seelsorgerinnen, Therapeuten unterschiedlichster Felder unterstützt. Ehrenamtliche verstärken das Team. Sie sind in ganz unterschiedlichen Einsatzfeldern anzutreffen. So unterstützen sie zum Beispiel die Bewohnerinnen und Bewohner, indem sie sie besuchen und je nach deren Wünschen sich bereit finden zu Gespräch, Spiel, Vorlesen, Erledigungen, Spaziergängen, Zuhören, Dasein, Gebet. Oder sie unterstützen das Hospiz-Team, indem sie sich für patientenferne Tätigkeiten engagieren, beispielsweise im Empfangsbereich des Hospizes tätig werden, Dienste in der Küche, der Haustechnik oder im Garten übernehmen oder die vielfältigen Formen der Öffentlichkeitsarbeit unterstützen.

Dieses ehrenamtliche Engagement geschieht in dem festen Rahmen, den eine Institution bietet, oft nach geregeltem Dienstplan. Die ehrenamtlichen MitarbeiterInnen sind unmittelbar der hauptamtlichen Leitung des stationären Hospizes unterstellt. Sie haben – anders als im ambulanten Bereich – meist mit mehreren kranken Menschen gleichzeitig zu tun. Selbst wenn sie zu einzelnen Bewohnern oder Angehörigen intensivere Beziehungen aufbauen, so sind sie doch häufiger als im ambulanten Bereich mit dem Sterben konfrontiert. Andererseits haben sie immer andere Menschen an ihrer Seite, mit denen sie sich austauschen, bei denen sie sich entlasten können.

Die medizinische Versorgung im stationären Hospiz erfolgt in der Regel auch weiterhin durch die Hausärztinnen und Hausärzte, die – im optimalen Fall – mit schmerztherapeutisch ausgebildeten Medizinern kooperieren, welche – meist als Honorarkräfte – mit dem Hospiz zusammenarbeiten.

Die Finanzierung stationärer Hospizpflege erfolgt einerseits über Kranken- und Pflegekassen-Anteile, andererseits durch Eigenleistung des Patienten, Spenden und vielfältiges ehrenamtliches Engagement.

Die Aufnahme ins stationäre Hospiz erfolgt auf Grund ärztlicher Verordnung. Für die Aufnahme leitend ist darüber hinaus ein Katalog von Kriterien: Leidet der Patient unter starken Schmerzen, Verstopfung, Übelkeit, die zu Hause nicht in den Griff zu bekommen sind? Gibt es Angehörige/Freunde, die ihn oder sie unterstützen oder eben nicht? Sind Angehörige überfordert mit der Pflege? usw.

Menschen können im Hospiz bleiben, bis die Beschwerden so weit reduziert sind, dass sie wieder nach Hause können, oder bis der Tod den Kranken von seinen Beschwerden erlöst.

Die Verweildauer ist sehr unterschiedlich. Manche bleiben etliche Monate, viele jedoch nur wenige Tage, manchmal sogar nur Stunden.

In Deutschland wird beim Wort »Hospiz« meist an ein stationäres Hospiz gedacht – ein Gebäude, in dem Sterbenskranke gepflegt werden. Aus dem bisher Gesagten ist sicher klar geworden, dass das zu kurz gegriffen ist: Das Grundanliegen der Hospizbewegung ist es, das (menschenwürdige) Sterben zu Hause zu ermöglichen.

Gleichzeitig wird aber auch deutlich, dass mit stationären Einrichtungen ein besonderes Renommee verbunden ist. Sie sind vorzeigbar und machen etwas her – anders als ambulante Arbeit. Auch darum ist wohl die Förderung stationärer Hospize ungleich größer als die anderer hospizlicher Aktivitäten, Projekte und Dienste. Professor Johann-Christoph Student, einer der Wegbereiter der deutschen Hospizbewegung, fürchtet, dass auf Grund der Finanzierungsmöglichkeiten die Bereitschaft der Hospizgruppen wächst, stationäre Einrichtungen zu gründen. Damit wächst aber auch der Sog, die vorhandenen Betten zu füllen. Ein Bärendienst, den wir uns da erweisen würden!

Palliativstationen
1983 wurde die erste palliative Modellstation in Deutschland gegründet – als erste Umsetzung der Hospizidee in Deutschland. Von der Deutschen Krebshilfe unterstützt entstand eine Sechs-Betten-Einheit an der Kölner Universitätsklinik. Gleichzeitig können dort bis zu dreißig weitere PatientInnen ambulant begleitet werden. Heute ist mit dieser Einrichtung eine anerkannte Fortbildungsakademie verbunden.

Pater Helmut Zielinski, der Initiator dieses Projektes, hatte das Konzept auf Grund von Erfahrungen im angelsächsischen Raum entwickelt. Die Bezeichnung »Hospiz« wählte man damals wohl auch deshalb nicht, weil der Name derzeit zu sehr mit dem Begriff »Sterbeklinik« assoziiert wurde.

In einigen Ländern ist der Begriff »Palliativstation« gleichbedeutend mit »Hospiz«. Das ist in Deutschland nicht der Fall. Palliativstationen unterscheiden sich von Hospizen vor allem darin, dass der Aufenthalt der Patienten in der Regel nur vorübergehend ist: Er dient der Schmerzeinstellung oder sonstiger Symptomlinderung. Ein weiterer wesentlicher Unterschied ist, dass Palliativstationen immer unter ärztlicher Leitung stehen. Durch diese medizinische Versorgung rund um die Uhr besteht ganz selbstverständlich eine Kostenübernahme durch die Krankenkassen (um die die Hospize bis heute ringen müssen). Palliativstationen sind in der Regel an ein Krankenhaus angegliedert oder in ein Krankenhaus eingebunden. Es wird eine Größe von 8–12 Betten (mind. 6, max. 15) empfohlen, um eine ansprechende Atmosphäre zu bewahren. Die Räume sollen so gestaltet sein, dass Angehörige genügend Raum haben, um ihren Kranken zu begleiten und auch nach seinem Tod von ihm Abschied nehmen zu können.

Palliativstationen basieren auf medizinischen Entwicklungen der letzten zwei Jahrzehnte. Eigentliches Ziel der ärztlichen Kunst ist ja die Heilung von Krankheiten; die gesamte Ausbildung von Medizinerinnen und Medizinern ist darauf ausgerichtet. Andererseits hat sich immer mehr herausgestellt, dass bestimmte Erkrankungen nur zeitweise behandelbar sind und dann doch zum Tod führen. Die Menschen leiden oft lange Zeit an nicht mehr heilbaren, stetig voranschreitenden Krankheiten, mit denen umzugehen wir lernen müssen.

Nicht mehr die Heilung steht im Vordergrund dieser Medizin, sie ist nicht *kurativ,* sondern die Linderung der Beschwerden des Kranken und Sterbenden, sie ist *palliativ.* Sie versucht zu helfen, die verbleibenden Monate, Wochen und Tage eines Menschen, dessen Krankheit nicht mehr heilbar ist, gut oder zumindest erträglich lebbar zu machen.

Insgesamt existieren derzeit etwa 55 Palliativ-Stationen an deutschen Krankenhäusern, die neben hoch qualifizierter Schmerzbehandlung psychosoziale Begleitung und einen sich an den Bedürfnissen der Patienten orientierenden Tagesablauf bieten.

> *Internet:*
> http://www.rrz.uni-koeln.de/med-fak/anaesthesie/schmerz/schmerz.htm
> Eberhard Klaschik, Umgang mit Sterbenden, Heft 14 der Beiträge zur Thanatologie des Interdisziplinären Arbeitskreises Thanatologie der Uni Mainz: http://www.uni-mainz.de/Organisationen/thanatologie

Andere Formen der Hospizarbeit

Kinderhospizvereine, -dienste und -hospize

1990 gründeten Eltern, deren Kinder an unheilbaren Stoffwechsel- und Muskelerkrankungen leiden, den ersten Kinderhospizverein in Deutschland. Er sollte einerseits Anlaufstelle für die Familien dieser Kinder sein, um in Kontakt zu anderen Betroffenen zu kommen und sich in gemeinsamen Seminaren mit dem Sterben auseinander setzen zu können. Andererseits hatte er sich zur Aufgabe gemacht, ein Kinderhospiz nach englischem Vorbild zu gründen. Das weltweit erste entstand 1982 in Oxford für acht Kinder und deren Familien. Das erste und bislang einzige Kinderhospiz in Deutschland ist *Balthasar* in Olpe. 1997 kamen der Deutsche Kinderhospizverein und die Gemeinnützige Gesellschaft der Franziskanerinnen zu Olpe erstmalig zusammen und realisierten dieses Pilotprojekt im Sauerland.

Das Kinderhospiz »Balthasar« bietet Platz für acht Kinder, deren Geschwister und Eltern. Eltern und Kinder wohnen für die Zeit des Hospizaufenthaltes getrennt und doch zusammen in einer wohnlichen Umgebung.

Ein solches Kinderhospiz bietet Eltern mit ihren schwerstkranken Kindern und Geschwisterkindern die Möglichkeit, eine Weile gemeinsam unter einem geschützten Dach zu verbringen, um die Überforderung einer monate- und jahrelangen Pflege einigermaßen verkraften zu können. Im Mittelpunkt der Kinderhospiz-Idee steht nicht die Begleitung beim Sterben, obwohl natürlich Kinder, ihre Eltern, Geschwister und Großeltern auch in dieser schweren Lebenssituation begleitet werden. Anders als in den stationären Hospizen für Erwachsene haben vielmehr die Entlastung der Eltern und der Kontakt aller mit anderen Betroffenen Priorität.

Da und dort entstehen derzeit auch Kinderhospizdienste zur Unterstützung von Hausbesuchen von Kinderkrankenschwestern bei schwerstkranken Kindern. Sie wollen dazu beitragen, Krankenhausaufenthalte der Kinder zu vermeiden oder zu verkürzen.

Zunehmend entstehen Vereine, die zum Beispiel die Arbeit von Kinder(krebs)kliniken unterstützen oder die sich den Aufbau weiterer Kinderhospize vorgenommen haben. Der gemeinnützige Verein »Kinderhospiz Löwenherz« beispielsweise will in Bremen ein Kinderhospiz – nach Olper Vorbild – aufbauen, in dem schwer und unheilbar kranke Kinder und Jugendliche aufgenommen und liebevoll versorgt werden.

Integrative Modelle

In den letzten Jahren entwickeln sich immer mehr Versuche, Hospizlichkeit in andere Einrichtungen des Gesundheitswesens hineinzutragen. Solche »integrativen« Modelle – mit all den Problemen und Fragen, die sie aufwerfen – werden im folgenden Kapitel »Hospizlichkeit in Krankenhäusern und Altenheimen« von Christoph Drolshagen und Catrina Schneider kurz vorgestellt werden.

Christoph Drolshagen und Catrina E. Schneider

Hospizlichkeit in Krankenhäusern und Altenheimen

Für menschenwürdiges Sterben in Institutionen

Viele Menschen sterben in Alten- und Pflegeheimen und noch mehr in Krankenhäusern. Allein in den 30 Krankenhäusern der St. Elisabeth-Stiftung, einem der größten kirchlichen Träger in Deutschland, sterben jährlich ca. 4500 Menschen, in den 24 Altenheimen desselben Trägers sind es 500 Menschen.

Es liegt daher nahe, Ideen und Maßstäbe der Hospizbewegung auch auf diese Einrichtungen zu übertragen. In der letzten Zeit haben vor allem christliche Träger und Einrichtungen konkrete Schritte unternommen oder geplant, hospizliche Impulse in ihre Krankenhäuser und Heime zu geben und durch Veränderungen in der Organisation der Einrichtungen auch umzusetzen. Christliche Träger sehen in der Sorge um Sterbende und die ihnen Nahestehenden eine Herausforderung, an der sich die Kernaussagen ihrer »Philosophie«, ihres Glaubens bewähren müssen.

Krankenhaus: Sterben ist kein Versagen

Dieses Anliegen trifft jedoch zunächst auf gegenläufige Entwicklungen, durch die die Einrichtungen zur Zeit geprägt sind. Im Bereich der Krankenhäuser sind vor allem zwei Faktoren zu nennen:

- Aus den ursprünglichen Einrichtungen der Krankenpflege sind vor allem seit der Mitte des vergangenen Jahrhunderts hoch technisierte Kliniken mit Schwerpunkten in Diagnostik und medizinischer Therapie geworden. Die medizinische Welt- und Problemsicht ist auf Gesundung, Rehabilitation und Lebensverlängerung ausgerichtet. In dieser Weltsicht des Machbaren hat das menschliche Sterben keinen Platz. Der Tod ist als Versagen der Medizin auszugrenzen, darf zumindest kein sichtbares Thema in der Einrichtung sein.

  Eine weitere Folge dieser Entwicklung ist die Fixierung auf die Krankheit und das betroffene Organ. Der *ganze* Mensch mit seiner psychischen und geistigen Dimension und in seinen sozialen Bezügen wurde aus dem Blick verloren.

- Gleichzeitig hat sich das Sterben aus den Familien und Großfamilien in die Krankenhäuser verlagert, vor allem im großstädtischen Bereich. Schwerkranke werden oft zum Sterben ins Krankenhaus gebracht, mancherorts sogar aus dem Altenheim.
  Obwohl das Sterben keinen Platz im Krankenhaus hat, nimmt es großen Raum ein. Darin gründen eine tief gehende Spaltung zwischen dem ärztlichen und pflegerischen Dienst und viele alltägliche Konflikte. Während die Ärzte von den Pflegenden alles verlangen, was zur Lebenserhaltung der Patienten dient, stehen Pflegende oft fassungslos vor der Unfähigkeit mancher Ärzte, einen Menschen sterben zu lassen, und würden am liebsten die Mitarbeit verweigern. Beide finden keine gemeinsame Sprache mehr als Brücke, weniger noch einen gemeinsamen Weg mit den Patienten.

Auf diese paradoxe und fatale Entwicklung haben jahrzehntelang weder PolitikerInnen noch Kosten- oder Krankenhausträger reagiert. Erst im letzten Jahrzehnt des 20. Jahrhunderts haben einzelne Einrichtungen und Träger in etwa parallel zur Entwicklung der »Ethik im Krankenhaus« Versuche unternommen, einem würdevollen Sterben den ihm gemäßen Platz in der Welt der hoch technisierten Medizin einzuräumen.

Trotz immer enger kalkulierter Fallpauschalen und der kürzer werdenden Verweildauer im Krankenhaus wird das Krankenhaus ein Ort des Sterbens bleiben, nicht nur für den plötzlichen Unfall- oder Infarkttod, sondern auch in Situationen, in denen bei Schwerstkranken eine angedachte Therapie abgebrochen oder unterlassen wird.

Der österreichische Theologe Andreas Heller zieht aus diesen Feststellungen und den skizzierten Widersprüchlichkeiten folgende Konsequenz: »Erst wenn das Krankenhaus als Organisation in seinen unterschiedlichen Professionen das Sterben zu einem Bestandteil seiner professionellen Aufgabe gemacht hat, ... wenn also dem Sterben eine ähnliche Aufmerksamkeit zukommt wie einer komplizierten Operation, einem Notfall, einer Organtransplantation, erst dann wird auch in diesen Organisationen das Sterben menschlicher.« *(Quelle unbekannt)*

An Beispiel des St. Josef-Krankenhaus in Adenau soll gezeigt werden, wie im Sinne dieser Zielformulierung von Heller ein langsamer, aber sehr wirkungsvoller Veränderungsprozess in Gang gebracht werden kann.

Kontakt: St. Josef-Krankenhaus, Ärztlicher Direktor D. Matthias Kötting, Krankenhaus-Oberin Ursula Lehnen, Mühlenstraße 31–35, 53518 Adenau.

»Wenn man nichts mehr tun kann, gibt es für uns noch viel zu tun«

Unter diesem Motto begaben sich alle Chefärzte, die Pflegedienstleiterin und Krankenhaus-Oberin, alle Stationsleitungen und ein Stationsarzt des Krankenhauses für zwei Tage in Klausur. Geleitet wurden die Tage von zwei ausgewiesenen Experten, Dr. Martin Weber, Onkologe an der Universität Mainz und Vorsitzender der Landesarbeitsgemeinschaft Hospiz in Rheinland-Pfalz, und Heinz Hinse, Theologe, Supervisor und Journalist. Die zwei Tage standen unter der Frage, wie die Situation Schwerstkranker und Sterbender im eigenen Haus verbessert werden kann.

Eine Teilnehmerin berichtet: »Die unglaubliche Offenheit und Ernsthaftigkeit aller TeilnehmerInnen – ungeachtet der unterschiedlichen Disziplinen und Professionen – ermöglichte eine konkrete und praxisrelevante Auseinandersetzung mit den Fragen, Ohnmachten und Sprachlosigkeiten, die jedem Arzt und Pflegenden entgegenschlagen, wenn Patienten und Angehörige in einer solch existentiell schwierigen Situation sind.«

Entscheidend für das Gelingen dieses Seminars als Start für viele Veränderungen war, dass sich die Mitglieder der obersten Führungsebene des Krankenhauses auf diesen Prozess mit ihrer je eigenen Person eingelassen hatten: Der Chefarzt hat sich genauso zu seinen Empfindungen und Grenzerfahrungen, seinen Ideen und Hoffnungen bekannt wie die Krankenschwester. Aus diesem gemeinsamen Problembewusstsein konnten sich Haltungen schwer kranken Menschen gegenüber ändern. Es kam zu Vereinbarungen über neue Arbeitsformen in der Zusammenarbeit:

- *Teambesprechungen:* Ärzte und Pflegende besprechen und entscheiden den weiteren Therapieverlauf gemeinsam – auch ob und wie der Patient, wenn er es wünscht, zu Hause versorgt werden kann.

- *Fallbesprechungen:* Nach der Entlassung oder dem Tod des Patienten dient ein gemeinsamer Rückblick auf das eigene Tun und Verhalten dazu, aus den gemachten Erfahrungen zu lernen, aber auch sich – wenn es sein muss – Belastendes »von der Seele zu reden«.
- Es wurden weitere Schritte vereinbart, die Kommunikation mit den Sterbenden und das Eingehen auf ihre Bedürfnisse und Wünsche zu verbessern.

Dieses Beispiel macht deutlich, wie es ohne allzu großen Aufwand möglich ist, ein ganzes Krankenhaus in Bewegung zu bringen, damit es seinem ganzheitlichen Auftrag besser gerecht wird.

Alten- und Pflegeheim: Sterben im letzten Zuhause

Wenn ein Grundsatz der Hospizbewegung das Sterben in vertrauter Umgebung ist, dann kommt das Alten- und Pflegeheim in den Blick als ein Ort, an dem viele Menschen für die letzte Zeit ihres Lebens – wenn auch oft notgedrungen – als »Bewohner« ein Zuhause gefunden haben.

Doch auch im Heimbereich haben die Entwicklungen der letzten Jahrzehnte nicht gerade zu hospizlichen Rahmenbedingungen geführt.

- Viele Mitarbeiterinnen und Mitarbeiter sind nicht auf die Pflege und Begleitung Sterbender vorbereitet. Ein relativ hoher Anteil der Pflegekräfte hat keine Ausbildung absolviert.
- An manchen Ausbildungsstätten der Altenpflege wird das Thema »Sterben und Tod« nicht ausreichend bearbeitet.
- Der Zeit- und Kostendruck der Pflegearbeit steigt.
- Die Verweildauer der Bewohner sinkt. Alte Menschen kommen seit der Einführung der Pflegeversicherung oft erst bei schwerer Pflegebedürftigkeit ins Heim. Die Pflege wird aufwendiger. Zugleich steigt die Zahl der Todesfälle. Das häufige Abschiednehmen von Bewohnern/Innen bedeutet eine zusätzliche Belastung für die Pflegekräfte.

MitarbeiterInnen in der Altenpflege sehen aus diesen Gründen oft wenig Möglichkeiten, mit der Situation Sterbender im Heim kreativ, gestaltend und würdevoll umzugehen. Die Folge davon ist, dass sie sich innerlich distanzieren von dem Schicksal sterbender BewohnerInnen, dass sie zugleich dauerhaft unzufrieden bleiben mit ihrer Arbeit, die nicht die Kriterien erfüllt, die früher einmal für die Berufswahl maßgeblich waren. Nicht wenige Pflegende brennen auf diese Weise vorschnell aus und geraten in eine depressive Grundstimmung.

Voraussetzung für eine grundlegende Veränderung der Situation ist, dass Träger und Führungskräfte von Altenheimen den Umgang mit Sterben und Tod in ihren Einrichtungen als eine zentrale Gestaltungsaufgabe sehen. Und diese Aufgabe muss auch abzurechnen sein. Für den Pflegesatz dürfen nicht nur die Kriterien der rein körperlichen Pflege gelten.

Eine Kultur der Hoffnung statt einer Kultur der Peinlichkeit

Krankenhäuser haben die Funktion, Menschen mit medizinischer Hilfe wieder ins Leben zu entlassen *und* die Aufgabe, Sterbende gut zu begleiten. Heime haben den Charakter des Wohnraumes für die letzte Lebensphase *und* sind für immer mehr Menschen Gasthäuser (lateinisch »hospitium«) am direkten Übergang zum Tod. Es geht nicht darum, Krankenhäuser und Heime umzuwidmen, sondern bislang eher verdrängte Seiten ihres jeweiligen Auftrags neu in den Blick zu nehmen. Genauso wenig ist es sinnvoll, durch Bettenkürzungen frei werdende Stationen von Krankenhäusern einfach in stationäre Hospize umzuwandeln. Eine zu große Zahl stationärer Hospize würde der vor allem im ehrenamtlichen ambulanten Engagement verwurzelten Hospizbewegung ihren spezifischen Sinn nehmen, Sterben möglichst in vertrauter Umgebung zu ermöglichen.

Es hat sich gezeigt, dass sich trotz eines großen Angebots an Fortbildungen zu diesem Thema das Klima in den Einrichtungen nicht wesentlich verändert hat. Es kommt weiterhin vor,

- dass im Krankenhaus Sterbende in ein Badezimmer geschoben werden, damit andere nicht »gestört« werden und der Ablauf weiter funktionieren kann,
- dass Schwerstkranke trotz Patientenverfügung und gegen den Willen der Angehörigen mehrfach reanimiert werden,
- dass im Altenheim Verstorbene »heimlich« durch den Lieferanteneingang hinausgeschafft werden, damit es niemand mitbekommt.

Aus einer Kultur der Peinlichkeit muss eine Kultur der individuellen Zuwendung und des menschenwürdigen Umgangs mit Sterbenden werden oder, christlich gesagt, eine Kultur der Hoffnung.

»Hospizlichkeit« – eine Grundhaltung und eine Organisationsform

Der Begriff »Hospizlichkeit« meint in dem Sinn, wie wir ihn verwenden, nicht eine Ideologie, die von Hospizen, also von außen, Krankenhäusern und Alten- und Pflegeheimen pauschal übergestülpt werden soll. Er bezeichnet auch nicht einen moralischen Appell, der den ohnehin zunehmenden Druck auf die Mitarbeiter Innen der Einrichtungen zusätzlich erhöhen soll.

Wir meinen damit eine *Grundhaltung* von Führungskräften und allen in der Einrichtung Arbeitenden/Pflegenden, die zugleich in der *Organisationsform* der Arbeit mit Patienten und Bewohnern sichtbar wird. Beides bedingt sich gegenseitig.

Lesetipp:
M. Müller, G. Kessler (Hg.), Implementierung von Hospizidee und Palliativmedizin in die Struktur und Arbeitsabläufe eines Altenheims; S. 41ff; zu beziehen durch: ALPHA Rheinland, Von-Hompesch-Str. 1, 53123 Bonn.
Bedeutung der Hospizidee für Krankenhäuser und Pflegeheime, Positionspapier des landeskirchlichen Arbeitskreises für Krankenhausseelsorge, Entwurf 25.9.2000.

Die hospizliche *Grundhaltung* ist keine Ansammlung von Techniken, Behandlungsweisen und Therapien, sondern sie drückt sich aus

- in einem grundsätzlichen Respekt vor der *Würde und Selbstbestimmung* des schwer kranken Menschen;
- in dem Anliegen, den Menschen in der Phase des Sterbeprozesses als einer wichtigen Lebensphase nach Kräften zu unterstützen, ihm nicht Hilfe zum Sterben, sondern *Hilfe zum Leben während des Sterbens* zu geben;
- in einer *ganzheitlichen Sicht* des Menschens auch im Sterbeprozess; hospizliche Aktivitäten richten sich auf alle Dimensionen des Lebens, auf körperliche, seelische, geistige, soziale und spirituelle Aspekte;

- in dem Bemühen, den Sterbenden, wenn er möchte, *nicht allein zu lassen* und seine vorhandenen Beziehungen zu stärken;
- in der Bereitschaft, all diejenigen zu unterstützen, die dem Sterbenden nahe stehen und von denen er Nähe und Geborgenheit erwartet: seine Familie und Angehörigen, seine Freunde und alle, die mit ihm in Kontakt sind.

Diese Haltung gilt es sich zu Eigen zu machen. Viele so genannte »Sterbeseminare« für Pflegende, gelegentlich auch schon für Ärzte, dienen diesem Ziel. Solche Seminare können ein Grundstock sein, auf den im Arbeitsalltag aufgebaut werden muss. Denn es ist nicht damit getan, die eine oder andere Krankenschwester oder Altenpflegerin zu einer Fortbildung mit dem Inhalt »Sterbebegleitung« zu schicken. Kommen sie wieder zurück in die Einrichtung, sind sie voller Ideen und Anregungen, wie es idealerweise in der Pflege sein könnte. Am nächsten Arbeitstag scheitern sie jedoch an der Realität auf Station, am Zeitdruck, am Unverständnis ihres Stationsarztes oder der Pflegedienstleitung, am Desinteresse oder der Angst der Kolleginnen oder einfach an räumlichen Gegebenheiten. Was bleibt, ist ein erhöhtes Frustpotential, begründet in der erneuten Bestätigung, niemals so pflegen zu können, wie es eigentlich sein müsste.

Gerade unter den Führungskräften der Einrichtungen müssen Personen sein, die von der Idee begeistert oder zumindest überzeugt sind. Diese müssen als Person für die Hospizlichkeit stehen. Und damit Hospizlichkeit nicht dem Zufall und dem jeweiligen guten Willen und der Laune der Mitarbeiterinnen und Mitarbeiter überlassen bleibt, muss sie sich auch in der Struktur der Arbeit mit Patienten und Bewohnern ausdrücken.

Wir haben eine Auswahl von Ideen und Kriterien zusammengestellt, die aus ermutigenden Erfahrungen mit Projekten in Krankenhäusern und Altenheimen stammen und für eine hospizliche *Organisationsform* stehen:

- *Vernetzung aller Beteiligten:* Der ganzheitliche Ansatz hospizlicher Begleitung Sterbender und ihrer Angehörigen bedingt das Zusammenwirken aller Beteiligten: Patient, Angehörige und/oder Freunde, Internist/Hausarzt, Schmerztherapeut, Pflegende, ggf. Palliativ-Pflegende, Seelsorge, Sozialdienst, ehrenamtliche Helfer ... Grundlage ist eine Kommunikation und eine geplante, nicht zufällige Kooperation zwischen denen, die aktuell beteiligt sind. Gemeinsame Fallbesprechungen verhindern, dass Aspekte unberücksichtigt bleiben oder dass man gegeneinander arbeitet, und sie stellen sicher, dass die Interessen des Sterbenden gewahrt bleiben und unnötige Aktivitäten vermieden werden.

- *Unterstützung der Angehörigen:* Die ersten Sterbebegleiter sind die Angehörigen. Sie brauchen, wenn sie in die Einrichtungen zu ihren sterbenden Verwandten kommen, Unterstützung, Angebote von Mahlzeiten und Übernachtungsmöglichkeiten, aber auch psychosoziale Begleitung.
- *Integration des Ehrenamtes:* Ein wesentlicher Bestandteil hospizlicher Begleitung ist die Mitarbeit ehrenamtlicher »Laien«, nicht nur als Lückenbüßer bei Aufgaben, die durch die Pflege auf Grund des Zeitmangels nicht (mehr) geleistet werden können, sondern als Ausdruck der bürgerschaftlichen und zwischenmenschlichen Solidarität.
- *Therapiebegrenzung:* In Krankenhäusern setzt Hospizlichkeit voraus, dass es geklärte Entscheidungswege für die Ärzte gibt, wann sie lebenserhaltende und lebensverlängernde Therapien beenden oder unterlassen, etwa in Form von interdisziplinären ethischen Komitees oder Konsultationen als Entscheidungshilfe. Auch die Kommunikation über Entscheidungen mit allen Beteiligten, vor allem mit dem Patienten selber (»Wahrheit am Krankenbett«), muss sichergestellt sein.
- In der *Pflegeorganisation* ist die Pflege auf die Bedürfnisse der Sterbenden abzustimmen: Alltägliche Verrichtungen wie das Waschen, Messen der Temperatur usw. können den Bedürfnissen der Sterbenden angepasst oder auch reduziert werden, wenn sie für den Kranken eher eine Belastung bedeuten. Dafür kommen andere Formen der Pflege stärker in den Blick: Massagen, Aromatherapie und alles, was die Symptome der Krankheit lindert. Findige Pflegende schaffen es in Zusammenarbeit mit flexiblen Köchinnen auch, Lieblingsgerichte der Schwerkranken zu organisieren.
- *Symptomkontrolle und Schmerztherapie:* Hospizliche Begleitung trägt zur Abwendung von Euthanasiewünschen bei, indem sie

weitgehend für Schmerzfreiheit sorgt und vor unnötigen körperlichen Beeinträchtigungen wie Übelkeit, Atemnot ... schützt. Dafür müssen Ärzte in Krankenhäusern wie auch Hausärzte der Heimbewohner vielfach noch gewonnen und ausgebildet werden.

- *Räume:* Ein äußerlicher, aber nicht unbedeutender Aspekt ist die Frage nach räumlichen Gegebenheiten, in denen Menschen würdig sterben können und Nahestehende in Ruhe und Intimität, geschützt vor Blicken Außenstehender, dabei sein und Abschied nehmen können.
- *Rituale der Verabschiedung:* Hiermit sind geplante, nicht zufällige Möglichkeiten für MitarbeiterInnen, im Heim auch für MitbewohnerInnen, gemeint, bei dem Verstorbenen kurz innezuhalten und sich mit einem Zeichen oder einer Geste, etwa dem Entzünden einer Kerze mit einem Namenskärtchen, zu verabschieden.

Es hat sich bewährt, dass für diese organisatorischen Aspekte der Sterbebegleitung in den Einrichtungen eine *Verantwortliche (ein Verantwortlicher)* benannt wird, die (der)

- Veränderungsprojekte mit hospizlichen Zielen steuert,
- die Beteiligten immer wieder in eine Kommunikation miteinander bringt,
- die Zusammenarbeit von Ehren- und Hauptamtlichen koordiniert,
- die Symptomkontrolle und ggf. Schmerztherapie koordiniert.

Dieser Person muss Hospizlichkeit ein Anliegen sein, sie ist der »Kümmerer«, der das Thema »warm hält« im Alltagsstress. Wenn die Ermöglichung eines humanen Lebens vor dem Tod zum Auftrag von Krankenhäusern und Altenheimen gehört, muss sich das auch im Organigramm und in der Investition in eine solche koordinierende Position widerspiegeln. Sie macht sich bezahlt insofern, als sie im günstigen Fall erhebliche Beiträge zur Psychohygiene der MitarbeiterInnen leisten und die Zusammenarbeit an Schnittstellen zwischen verschiedenen Berufsgruppen sowie zwischen Haupt- und Ehrenamt wesentlich erleichtern kann.

Ehrenamtliche Begleitung Sterbender in Krankenhäusern und Altenheimen

Immer häufiger werden *Ehrenamtliche* in die Sterbebegleitung in Krankenhäusern und Altenheimen einbezogen. Dazu gibt es verschiedene Möglichkeiten:

- Ein Krankenhaus oder ein Heim bildet sich selbst eine Gruppe Ehrenamtlicher aus der Umgebung, ggf. in Zusammenarbeit mit einer Kirchengemeinde, aus.
- Eine Gruppe Ehrenamtlicher aus einer Kirchengemeinde o. Ä. bietet sich der Einrichtung an.

Altenheime (gelegentlich auch Krankenhäuser) können Orte sein, an denen ein Ambulantes Hospiz tätig wird und Sterbende in ihrem »Zuhause« besucht. Dazu kann es auf verschiedene Weise kommen:

- Die Heimleitung, ein Bewohner oder seine Angehörigen rufen beim ambulanten Hospiz an mit der Bitte um eine Begleitung durch eine Ehrenamtliche.
- Das Heim und das ambulante Hospiz vereinbaren eine feste Zusammenarbeit.

Ehrenamtliche dürfen in den Einrichtungen nicht als Lückenbüßer angesichts der knappen Zeitressourcen der Pflegenden, Ärzte und Seelsorger missbraucht werden. Ihre Aufgabe ist die Begleitung Schwerstkranker, das heißt: Sie bieten sich als Gesprächspartner an, hören zu, geben Hilfestellungen, stellen vielleicht Kontakte her oder lösen die Angehörigen vom Krankenbett ab ... Dazu bringen sie ihr Lebenswissen, ihre Begabungen und ihre Zeit ein. Das ist ein eigenständiger Auftrag, der aber eng mit den professionellen Abläufen der Pflege verzahnt sein muss. Er muss auch verlässlich und kontrollierbar sein.

Andererseits wirken die Ehrenamtlichen einer Sitzwachen- oder Hospizgruppe in den Einrichtungen »als praktisch-kritisches Element ... Sie sehen mit dem Blick der Bürger, der potentiellen Kunden und nicht mit dem Blick der Professionellen. Bei ihrem Einsatz sammeln sie wertvolle Erfahrungen, deren systematische Auswertung als eine wertvolle Quelle zur Qualitätsverbesserung einer lernenden Organisation genutzt werden kann.« So beschreibt eine Studie der Diakonie das Wechselspiel zwischen Ehrenamtlichen und Einrichtungen.

Lesetipp:
K. Wilkening, B. Heilmann, H. Dietrich, R. Kottnik, Leitgedanken für eine lernende Organisation; in: R. Kottnik, C. Mayer (Hg.), Vernetzte Sterbebegleitung im Altenpflegeheim, S. 9, zu bestellen: Zentraler Vertrieb des Diakonischen Werkes der EKD, Karlsruher Straße 11, 70771 Echterdingen.

Es wird deutlich, dass Ehrenamtliche eine tragende Säule der Sterbebegleitung in Einrichtungen sein können. Zugleich liegen hier einige Konfliktfelder in der Zusammenarbeit zwischen Haupt- und Ehrenamtlichen:

- Ehrenamtliche verbringen ihre Freizeit im Altenheim, während Pflegende zur Freizeit das Heim verlassen. Darin liegt die Quelle vieler Missverständnisse, z.B. wenn Hauptamtliche einigermaßen pünktlich nach Hause gehen wollen.
- Aus Sicht der Pflegenden tun Ehrenamtliche genau das, was sie selbst eigentlich auch tun möchten, wozu ihnen aber keine Zeit bleibt: am Bett des Sterbenden sitzen bleiben und ihm Zuwendung geben. Dies kann zu Konkurrenz- und Eifersuchtsgefühlen führen.
- Patienten oder Angehörige können Ehrenamtliche und Pflegende gegeneinander ausspielen, etwa indem sie die Ehrenamtlichen zum Anwalt machen für ihre Interessen den Pflegenden gegenüber. Selbst wenn es nur um ein Glas Wasser geht, kann die von einer Ehrenamtlichen zur »falschen« Zeit und vielleicht »im falschen Ton« im Schwesternzimmer vorgetragene Bitte zu den heftigsten Konflikten führen.

Daher müssen einige Voraussetzungen erfüllt sein, damit der Einsatz Ehrenamtlicher im Krankenhaus oder Altenheim fruchtbar werden kann:

- Es muss in der Einrichtung ein kompetenter und verlässlicher Ansprechpartner für die Ehrenamtlichen benannt werden, der für die Helfenden zugänglich ist und der im Alltagsgeschäft der Einrichtung zu Hause ist (eine Stations- oder Wohnbereichsleitung, Pflegedienstleitung, Sozialarbeiterin ... mit Hospizkenntnissen). Die Aufgabe dieser Person ist die Einleitung eines Begleitungsprozesses, die Begleitung des jeweiligen Ehrenamtlichen und am Ende einer jeden Begleitung die Auswertung mit ihm.

- Beide Seiten müssen sich über die Rahmenbedingungen der Begleitung (wer macht wann was?) verständigen.
- Die konkreten Erfahrungen aus pflegerischer und ehrenamtlicher Sicht sowie aus Sicht der Angehörigen müssen regelmäßig ausgewertet werden für die weitere Entwicklung der Zusammenarbeit.

Zwei Beispiele sollen die Impulse, die aus solchen Auswertungen erwachsen können, ein wenig konkretisieren:

Ambulantes Hospiz Neuwied:
Bedenkenswertes beim Einsatz im Alten- und Pflegeheim
Das Ambulante Hospiz Neuwied hat von Anfang an immer in Einzelfällen Einsätze von Ehrenamtlichen in Altenheimen ermöglicht. Nachdem es zu vereinzelten Konfliktsituationen gekommen ist und zugleich die Frage nach einer Intensivierung der Zusammenarbeit mit Heimen im Raum steht, erstellte eine Arbeitsgruppe folgende *Checkliste für den Einsatz in Heimen:*

- Wer möchte die Begleitung?
  - der/die HeimbewohnerIn
  - die Familie des/der BewohnerIn
  - MitarbeiterInnen der Station des Heimes
  - die Heimleitung
- Was ist gewünscht?
  - Sitzwache kurz vor dem Tod
  - längerfristige Begleitung
  - Sollen ehrenamtliche BegleiterInnen für die Angehörigen oder den/die BewohnerIn selbst unausgesprochen eine Kontroll- oder Anwaltsfunktion übernehmen gegenüber dem Heim?
- Wie sind die Hospizbegleiter im Heim angebunden?
  - Wer ist AnsprechpartnerIn?
  - Mit wem und wie werden Konflikte besprochen?
  - Sind alle, mit denen der/die BegleiterIn zu tun hat, informiert?
- Welche Rolle übernimmt der/die hauptamtliche HospizmitarbeiterIn?

– Wie geht er/sie damit um, wenn sie Pflegemängel feststellt?

– Ist er/sie MittlerIn zwischen Heim, ehrenamtlicher BegleiterIn, Familie und Bewohner?

- Ist das Heim selbst in einem Prozess mit dem Ziel, mehr Hospizlichkeit zu verwirklichen, oder sind ehrenamtliche Hospizbegleiter Lückenbüßer und werden als Aushängeschild missbraucht?

Wohnhaus Upladin:
Aufgaben einer Koordinatorin für ehrenamtliche Arbeit im Heim
Monika Müller (ALPHA Rheinland) und Gera Kessler (Ambulanter Hospizdienst Köln-Deutz) beschreiben in einem Projektbericht wie im CBT-Wohnhaus Upladin (ein katholisches Altenheim und Altenwohnheim in Leverkusen) im Rahmen eines längeren Veränderungsprozesses Schritte zur Verwirklichung der Hospizidee in der Einrichtung geplant und umgesetzt wurden. Dazu gehört auch die Einbindung von Ehrenamtlichen in die hospizliche Betreuung der BewohnerInnen. Hier (S. 139 ff.) werden die Aufgaben einer *einrichtungsinternen Koordinatorin für die Ehrenamtliche Arbeit* näher beschrieben, was die Rahmenbedingungen der Arbeit der hauseigenen Hospizgruppe ein wenig verdeutlicht:

- Die Koordinatorin (der Koordinator) gewährleistet die Einbindung der HospizhelferInnen in das Wohnhaus.
- Sie koordiniert die Einsätze der Ehrenamtlichen.
- Sie begleitet Ehrenamtliche in ihrer Hospizarbeit und in persönlichen Fragen.
- Sie leitet die Dokumentation der Hospizarbeit.
- Sie fördert den Zusammenhalt des Hospizteams. Sie begleitet, trägt und vertritt sein Selbstbild.
- Sie leitet die regelmäßigen Treffen des Teams zur Fallbesprechung (Praxisbegleitung).
- Sie organisiert die Fortbildungen und die externe Supervision für die ehrenamtlichen Hospizhelferinnen.

»Spes viva« Ostercappeln
Die Integration hospizlicher Arbeit in ein Allgemein-Krankenhaus wurde 1994 als Modellprojekt im St. Raphael-Krankenhaus Oster-

cappeln unter dem Namen »spes viva« – »in lebendiger Hoffnung« angegangen. Hier wurden die oben genannten Voraussetzungen der Integration Ehrenamtlicher in eine professionelle Einrichtung in ähnlicher Weise gesehen und umgesetzt. Informationen: Krankenhaus St. Raphael, Spes Vita, Bremer Straße 31, 49179 Ostercappeln.

Ein langer, aber lohnender Weg

Hospizlichkeit in Krankenhäusern und Altenheimen ist in Zukunft nur in enger Verzahnung mit dem Engagement Ehrenamtlicher vorstellbar. Deutlich wurde, dass zunächst die Einrichtungen von innen her die Haltungen und Organisationsformen der Hospizlichkeit verkörpern müssen. Das ist ein langer, aber lohnender Weg. Wenn einige wesentliche, vor allem kommunikative Voraussetzungen geschaffen sind, kann man die Ehrenamtlichen zur Mitarbeit einladen und erhält auf diese Weise ein farbiges, vielgestaltiges Angebot für Menschen in ihrer letzten Lebensphase. Das birgt zudem die Chance, den Umgang mit Sterben und Tod in Krankenhäusern und Alten- und Pflegeheimen menschenfreundlicher und würdevoller als bisher zu gestalten.

Peter Schlösser

Begegnungen im stationären Hospiz – Erfahrungsbericht eines begleitenden Freundes

E. ist achtzig Jahre alt, als er an Krebs erkrankt. Im Februar kommt er ins Krankenhaus. Nach Hause wird er nicht mehr zurückkönnen. Als er mich – den Freund – bittet, mich gemeinsam mit einer Freundin um ihn zu kümmern, einen Teil der Sorge für ihn mitzutragen, weiß ich nicht, wissen wir beide nicht, welche Wegstrecke wir vor uns haben. Ich habe noch nie einen Menschen begleitet und nur eine vage Vorstellung vom Sterben. Zunächst denke ich an Krankenbesuche und Besorgungen. Ein paar Stunden in der Woche. Dass mich der gemeinsame Weg an meine physischen und psychischen Grenzen bringt, das werde ich noch erfahren.

Nach drei Operationen hat sich alles verändert: Aus dem kräftigen Tatmenschen ist ein schwacher, ans Bett gefesselter Mann geworden. Heilung gibt es nicht. Wenn sich die Wunden geschlossen haben und er das Krankenhaus verlassen kann, wird E. ein Pflegefall sein. Inzwischen ist es Mai. Sechs Monate noch, sagen die Ärzte.

Der Weg ins Hospiz – Wir können nichts mehr tun

Das Krankenhaus drängt. Die Entlassung ist absehbar. Wohin dann? Nach Hause, sagt E. Keiner von uns will unter Zeitnot eine Entscheidung fällen, aber es geht nicht anders. Keinem ist wohl dabei. Wir befinden uns in einer Konfliktsituation: Einerseits wollen wir E.'s Wunsch respektieren, andererseits wissen wir, ihn vierundzwanzig Stunden zu pflegen, das können wir nicht leisten.

Bald schon steht für uns fest: E. wäre gut aufgehoben in einem Hospiz. In unserer Stadt gibt es keines, jedoch in einem Nachbarort. Zunächst ist es eine gefühlsmäßige Entscheidung. Bei meinem ersten Besuch vermittelt mir das Haus gleich Geborgenheit und Willkommensein. Ich fühle mich wohl, ohne schon so recht angekommen zu sein. Begeistert bin ich von dem offenen Innenhof in Atriumbauweise mit Brunnenanlage und Blumenrabatten. Von den umgebenden Fluren ist der Innenhof durch Glaswände immer präsent. Symbolisch, denke ich, vermittelt er: Das *Leben* wird hier nicht ausgegrenzt. Offen und herzlich begegnen mir die hier arbeitenden haupt- und ehrenamtlichen Mitarbeiter. Ich bin *Gastfreund.* Auch meine tätige Mithilfe ist möglich und wird gefördert. Und als Begleiter werde ich selbst Begleitung erfahren, wenn ich das will.

Die Entscheidung soll aus unserer Sicht für das Hospiz fallen. Aber wir fühlen uns schlecht dabei. E. darf unsere Entschlossenheit nicht bemerken. Aus freiem Willen soll er *seine* Entscheidung treffen. Wir gehen einen Weg zwischen sanftem Drängen und den offen ausgesprochenen Grenzen unserer Möglichkeiten. *Wir* glauben, dass es das Beste für ihn ist. *Er* sieht sich in einer anderen Situation und zieht andere Schlüsse. Unser Drängen nimmt ihm ein Stück seiner Hoffnung. Von der Wahrheit geblendet, kehrt er sich in sich selbst und verschließt sich.

Eine neue Bleibe – Ein neues Zuhause?

Schließlich stimmt E. zu. Hat ihn die Macht unserer Argumente oder die Ausschließlichkeit seiner Lage überzeugt? Wir wissen es nicht. Der Umzug verläuft reibungslos. Die letzten Monate seines Lebens wird E. in diesem Hospiz *leben.* Mit Würde und Selbstachtung soll er durch diese Tage gehen können, das ist unser fester Wille.

Das Hospizteam stellt sich schnell auf die Bedürfnisse, Vorlieben oder Abneigungen E.'s ein. Persönliche Beziehungen entstehen. Das erleichtert die Arbeit, erschwert aber später auch den Abschied. Es gibt keine Vorschriften. Der Bewohner ist Herr über seinen Tagesablauf. Niemand ist an feste Vorgaben (Zeiten für die Körperpflege, das Essen) gebunden. Jeder Bewohner soll individuell und seinen Umständen entsprechend leben können. Das gilt auch für die, die E. betreuen und begleiten. Zu jeder Zeit können wir kommen. So wie wir es einrichten können und E. es zulässt, werden wir in die Pflege mit einbezogen. Wir lernen seine Mitbewohner und deren Angehörige kennen. Kontakte und Gespräche ergeben einen Gedankenaustausch. Ich fühle mich verstanden und mitgetragen. Die Schmerztherapie, die Gespräche mit einer darin ausgebildeten Ärztin helfen E., seine innere Freiheit zu bewahren. Es sind die kleinen Dinge, auf die ich, unter Anleitung des Personals, zu achten beginne und die die Würde des Patienten so wesentlich beeinflussen. Das Fragen, was er möchte, das Beschreiben, was ich tun möchte. Die Würde eines Menschen kann verletzt werden, wenn Handlungen an ihm ohne sein Einverständnis ausgeführt werden. Ich lerne vieles bewusster aus der Sicht E.'s zu sehen. Meine Hilfe anzubieten, ohne aufdringlich zu sein. Ihm zu sagen, was jetzt gleich geschieht beim Umbetten oder Ankleiden. Und ihn immer wieder in diese Aktionen mit einzubinden. Ich lerne weiter, *seine* Wünsche zu respektieren, mich mit meinen Ansichten zurückzunehmen und zuzuhören, ohne zu werten.

Die Grenze des Verstehens

E.'s Leben schwankt in der ersten Zeit zwischen aufkeimender Hoffnung und sich einstellender Einengung und Bedrückung. Die Medikamente und die Physiotherapie zeigen ihre Wirkung. Seine Mobilität verbessert sich. Im Rollstuhl sitzend öffnet er sich dem Leben außerhalb seines Zimmers. Diese Wachheit für die anderen gibt ihm und uns die Kraft und Freude, seinen Alltag zu bewältigen. Stimmungsschwankungen lassen keinen Tag wie den vorherigen werden. Dann der erste tiefe Fall. Im Kampf gegen den Schmerz verliert E. sein Bewusstsein. Für uns die erste Nacht im Hospiz. Es beginnt die Zeit der Schmerzlinderung durch gezielte Gabe von Medikamenten.

E. erholt sich. Es folgen frohe Tage, an denen wir viel lachen. Noch immer aber will E. nicht wissen, wie es um ihn steht. Sicher spürt er das, sagt aber nichts. Selten kann er über seine Ängste und Sorgen sprechen. Wenn zuletzt sein Lebenswille mit dem unerbittlichen »Nein« kämpft. Und wenn in den letzten Tagen manchmal ein Schatten über sein Gesicht huscht und ein »Es ist genug« zeichnet. Vielleicht möchte er uns auch keine zusätzliche Last aufbürden. Wir respektieren das, wenn wir auch Angst haben, dass uns am Ende zu wenig Zeit bleibt. Im Stillen – und mit sich selbst – macht er sich auf den Weg. Ich lerne, dass auch dies eine Äußerung sein kann, ohne Sprache zum Ausdruck zu bringen: »Ich weiß, mein Tod ist nahe«. Für mich ist es nicht einfach, diese »Sprachlosigkeit« zu akzeptieren; zu verstehen, dass es Zeit braucht, einen eigenen Weg des Sterbens zu gehen.

Wie wird das Sterben? – Was braucht der Sterbende?

Der zunehmende körperliche Zerfall erschüttert E.; Zweifel und Trauer prägen jetzt manche Tage. E. zieht sich langsam in sich selbst zurück. Zunehmend vermeidet er es, neue Kontakte zu knüpfen oder zuzulassen. In dem sich nun ständig einengenden Kreis der persönlichen Wahrnehmung werden wir und die Mitarbeiter im Hospiz immer wichtiger für ihn. Es entsteht eine gewisse Zeitlosigkeit. Der jeweilige Moment wird wichtiger als die gedachte Zukunft.

Nach außen hin noch immer voller Hoffnung und Zuversicht, überrascht er uns mit der Bitte, ein gemeinsames Kaffeetrinken zu veranstalten. Es wird ein trauriger Tag. Ohne *sein* Lachen erstirbt auch das unsere. Und wir alle erleben an diesem Nachmittag bewusst das Gefühl von Abschied und Unwiederbringlichkeit. Stumm, ja fast teilnahmslos sitzt er in unserer Runde. Tage später beginnt er seinen Hausrat zu verteilen. Er kündigt seine Wohnung. Sein *Tun* ist abschließend. Sein *Denken* vermittelt noch immer Hoffnung.

Der Tagesablauf gerät nun durcheinander. Alpträume schrecken ihn auf. Längst Vergessenes stellt sich wieder ein und will bewältigt werden. Die Schmerzen nehmen zu. E. schläft in den Tag hinein, nachts liegt er wach. Abenddämmerung. Die Schreckensbilder seiner Träume beschäftigen ihn sehr. Und es ist gut, dass – auch nachts – immer jemand (von den Ehrenamtlichen) an seinem Bett sitzt, wenn er das wünscht. Jetzt vor allem sind diese Gespräche mit Dritten – Unbeteiligten – wichtig. Oftmals sind es ja Fremde, denen man sich in besonderen Situationen mehr öffnet. Hier gilt nicht die Scham, einen nahen Angehörigen zu belasten. Es ist nicht immer einfach, seine Sprache zu verstehen. Ich versuche, genau hinzuhören, zu sehen und zu fühlen. Den Austausch und das begleitende Gespräch mit den ehrenamtlichen Kräften, dem Pflegepersonal und der Seelsorgerin lerne ich nun besonders schätzen.

Die heraufziehende Dämmerung wirft lange Schatten. Launen machen E. und uns das Leben schwer. Vorwürfe und schwierig zu erfüllende Wünsche wechseln einander ab. Sein Gesicht wirkt ernst und in sich gekehrt. Manches Mal erreichen wir die Grenze des Verstehens. Wir sprechen jetzt auch über sein Sterben. Dass er sich wünscht, es sei nun bald vorbei. Es ist nicht der Ausdruck eines *Wollens,* sondern der Beginn des *Aufgebens.* Als die Wahrheit dann in ihrer vollen Größe ausgewachsen vor ihm steht, beginnt sein Schweigen. Ein letztes Gespräch mit der Hospizärztin steht am Beginn dieser letzten Tage. Es gibt kein Zurück mehr. Hilfe – ja und jede, die ihm *den Weg* erleichtern kann, aber nicht die »große Spritze«, die sofort alles beenden würde. Mit großem Respekt für die Ärztin denke ich an dieses Gespräch zurück.

Erst unmerklich, später deutlicher sind die Zeichen der Selbstaufgabe und des beginnenden Loslassens. Zwei Wochen vor seinem Tod noch einmal ein Aufbäumen: »Es wird wieder gut«. Dann schweigt er – bis zum Ende. Was zu sagen war – war gesagt.

Geborgenheit und Angenommensein werden für E. nun sehr wichtig. Meine Inanspruchnahme intensiviert sich bis an die Grenze des Leistbaren. Verzweiflung, Wut und Trauer beschäftigen mich. E. stellt das Essen ein, zuletzt auch das Trinken. Wir lassen ihn unsere Nähe spüren. Auf der Grenze zwischen Leben und Sterben wird die Zeit des Wachens nun zur Nachtwache. Dann zwei Nächte harten Ringens …

Und was brauche ich?

Dieser Satz geht mir nach E.'s Tod durch den Kopf. Ich sitze in der Küche. Es ist spät. Eine Pflegerin hat uns noch ein warmes Essen zubereitet. Die Seelsorgerin sitzt mit am Tisch. Zusammen haben wir E. in seinem Zimmer verabschiedet, haben die Stille und die Besonderheit des Augenblicks auf uns wirken lassen, ein Gebet gesprochen und gesungen. Ich habe geholfen, ihn zu waschen und anzukleiden. Das war mir wichtig – auch als ein bewusstes Abschiednehmen: Gut, das mittun zu dürfen. So erfahre ich bewusst diese Grenze. Wochen vorher habe ich eine Schwester darauf angesprochen. Ein guter Zufall bringt uns in dieser Nacht wieder zusammen.

Traurigkeit, Erschöpfung, Ernst und Dankbarkeit sind die Gefühle, die sich jetzt einstellen. E. darf bis zum kommenden Tag im Hospiz bleiben. Ich helfe noch mit, ihn einzusargen. Eine kleine Feier, an der alle, die können und wollen, teilnehmen. Eine Angehörige eines anderen Bewohners singt ein Abschiedslied. Wunderschön. Tief erschüttert wende ich mich ab. Es ist der Moment, in dem ich den Abschiedsschmerz verspüre und loslasse.

Wir geleiten den Sarg hinaus bis an die Eingangstür. Der Tod braucht sich hier nicht zu verstecken. – Das ist ein Haus des Lebens – ein Haus des Sterbens.

Was bleibt?

Mit der Entscheidung für eine Sterbebegleitung ergibt sich recht bald die Notwendigkeit, zwischen den eigenen Anforderungen und den Bedürfnissen des Betreuten abzuwägen. Es besteht die ernste Gefahr, sich selbst zu viel zuzutrauen und zuzumuten. Ja, auch in eine Art von Isolation zu geraten. In der Zeit des Begleitens hatte ich auch meine eigene Not. Es war wichtig und ich habe es schätzen gelernt, selbst offen für eine Ansprache und Aussprache zu sein. Das war im Hospiz möglich.

Auch eigene Auszeiten sind wichtig. Jeder hat in dieser Zeit auch für sich sorgen können, Zeit gehabt für sich oder mit Freunden. Und was, wenn in dieser Zeit etwas geschehen wäre? Der Augenblick des Sterbens gehört dem Sterbenden. Für mich war es beruhigend zu wissen, dass E. auch in dieser Situation nicht allein gewesen wäre. Als ganz wichtig für meine Trauer*arbeit* habe ich in den Stunden und Tagen nach E.'s Tod auch die Begleitung durch die haupt- und ehrenamtlichen Mitarbeiter des Hospizes empfunden. Ich war nie allein.

E.'s Sterben – seine / unsere Zeit im Hospiz waren für mich ein Gewinn. Diese Erfahrung hat mich reicher und lebensfroher gemacht. Ich habe gelernt, bewusster und nüchterner zu leben. Vieles hat seitdem einen anderen Stellenwert bekommen. Und als Teil meines eigenen Lebens sind mir Sterben und Tod wieder bewusster geworden.

Mein großer Respekt gilt all den Menschen, die oft jahrelang Angehörige oder Freunde betreuen und begleiten. Ihnen wünsche ich die Begegnungen, die mir im Hospiz widerfahren sind.

Zum Autor:
Peter Schlösser ist Gruppenleiter Marketing und Qualitätssicherung; den Anstoß, sich mit der Hospizbewegung zu befassen, gab eine Radiosendung des WDR.

Catrina E. Schneider

Hospizarbeit und Ehrenamtlichkeit

Ehrenamtlichkeit im Visier

Ehrenamtlichkeit wird in diesen Tagen groß geschrieben. Staatliche und nichtstaatliche Ebenen befassen sich mit der Stellung ehrenamtlichen, freiwilligen Engagements. In Forschungsarbeiten, Stiftungen, Kongressen, Foren und Kommissionen werden die Begriffe Ehrenamt, freiwillige Arbeit, gemeinwohlorientiertes Engagement etc. diskutiert und der Wert dieser freiwillig und unentgeltlich geleisteten Arbeit hervorgehoben.

Freiwilligem bürgerschaftlichem Engagement soll mehr Aufmerksamkeit zukommen, seine Bedeutung für das gesellschaftliche Wohl gewürdigt werden. Es wird überlegt, wie man bessere Rahmenbedingungen für ehrenamtliches Engagement schaffen kann, wie eine angemessene Förderung aussehen müsste, damit sich Menschen weiterhin ehrenamtlich engagieren bzw. noch nicht engagierte Bürger für freiwilliges Mittun gewonnen werden können.

> Die Vereinten Nationen haben das Jahr 2001 zum Internationalen Jahr der Freiwilligen (IJF 2001) ausgerufen. Weltweit beteiligen sich 123 Länder.
>
> Adresse: Geschäftsstelle Internationales Jahr
> der Freiwilligen im Deutschen Verein
> Am Stockborn 1 – 3
> 60439 Frankfurt am Main
> Tel. 069 / 59807 – 403 FAX 069 / 59807 – 164
> e-mail: mailto:kontakt@ijf2001.de
> Internet: www.ijf2001.de

Verlust der Nachbarschaftlichkeit:
Ehrenamt als neues soziales Netzwerk

Unsere gesellschaftliche Situation hat sich durch die sozialen, wirtschaftlichen und demographischen Entwicklungen enorm verändert. Viele nachbarschaftliche, familiäre oder arbeitsplatzabhängige soziale Netzwerke haben, z.B. durch die wachsende Mobilität, zunehmend an Bedeutung verloren.

In einigen Orten des Landkreises Neuwied gibt es noch Reste von so genannten »Nachbarschaften«. Das sind fest strukturierte Gruppen, in denen sich bestimmte Straßenzüge oder Ortsteile zu einer Solidargemeinschaft zusammenschließen, die an zentralen Ereignissen des Lebens ihrer Mitglieder (das sind z.B. Hochzeit, Geburt, Kommunion oder Konfirmation, Tod und Bestattung) Anteil nehmen und tätig werden. Für den Fall des Sterbens werden z.B. – sogar über lange Zeit – feste Beiträge einbezahlt, durch die dann die Kosten für die Bestattung des Verstorbenen beglichen werden. Auch ist fest geregelt, welche Nachbarn für das Tragen des Sarges zuständig sind usw. Solche freiwilligen Netzwerke, die über viele hundert Jahre funktioniert haben, sind heute jedoch nur noch in wenigen ländlichen Regionen zu finden, und auch dort sind sie vom Aussterben bedroht. Insgesamt sind an die Stelle solcher orts- und lebensnahen Stützwerke die großen Einrichtungen gesellschaftlicher Sozial- und Gesundheitspolitik getreten. Da dieses soziale Netz letztlich aber anonym und oft auch auf rein finanzielle Aspekte beschränkt bleibt, kann es das zwischenmenschliche, ortsnahe und konkrete Handeln engagierter Nachbarinnen, Kollegen und Mitbürger nicht ersetzen.

Eine Gesellschaft kommt aber ohne sozial stützende Netzwerke vor Ort und ohne mitmenschliche Solidarität an den Knotenpunkten des Lebens sowie im Alltag nicht aus. Und dies ist es wohl auch, was das starke Interesse am Ehrenamt bzw. freiwilligen Engagement zur Zeit ausmacht. So lautet die Antwort der Bundesregierung auf die große Anfrage zur Bedeutung ehrenamtlicher Tätigkeit für unsere Gesellschaft:

»Freiwilliges und ehrenamtliches Engagement ist Ausdruck gelebter Solidarität und praktizierter Subsidiarität und verdeutlicht den Zusammenhang von Freiheit und Verantwortung ... Ohne Ehrenamt ist ein freiheitlich demokratischer und sozialer Rechtsstaat nicht denkbar ...«*

---

* Bundesministerium für Familie, Senioren, Frauen und Jugend (1996) Pressemitteilung Nr. 75, Bonn , 1. Oktober 1996, zitiert nach Dahms, Juliana, Ehrenamtliche Arbeit in Hospizen, Hamburg 1999, S. 33.

Reaktion auf Fehlentwicklungen: Ehrenamt als Korrektiv

Freiwilliges Engagement verkörpert aber noch einen anderen Aspekt, nämlich den des Korrektivs! Menschen engagieren sich nämlich immer dann in einer Sache besonders stark, wenn gesellschaftliche Fehlentwicklungen eingetreten sind, wenn bestimmte Personengruppen oder Themen vernachlässigt oder Ziele einseitig verfolgt werden. Das kritische Potential des ehrenamtlichen Engagements ist neben der Bedeutung als soziales Netzwerk ein sehr wichtiger gesellschaftlicher Faktor und hat immer wieder zu Korrekturen und Reformen beigetragen.

Die Hospizbewegung als Bürgerbewegung

In der Hospizbewegung ist ausgehend von den Impulsen von Cicely Saunders und Elisabeth Kübler-Ross ein solch neues soziales Netzwerk entstanden und kritisches Potential wirksam geworden.

Die Zeitgleichheit, mit der sich verschiedene Personen und Gruppen an unterschiedlichen Orten gegen Euthanasiebestrebungen wandten, für bessere palliative Versorgung kämpften, Hospizinitiativen gründeten oder sich in ihren Einrichtungen für mehr Hospizlichkeit einsetzten, zeigt den großen Veränderungsbedarf, den sie wahrgenommen haben.

In Deutschland hat sich die Hospizbewegung in der Anfangszeit gegen vielfältige Widerstände und Hemmnisse durchsetzen müssen. Dass ihr mittlerweile Achtung und Respekt gezollt wird und dass die Zahl der Hospize, Hospizinitiativen und Palliativstationen in den letzten Jahren stark gewachsen ist, ist zu einem großen Teil das Verdienst von Ehrenamtlichen.

Was allen Hospizgründungen damals wie heute zugrunde liegt, ist zum einen die tief empfundene Überzeugung, dass die Auseinandersetzung mit den Grundthemen menschlicher Existenz: Leben – Sterben – Tod – Trauer – Neubeginn – eine dringende persönliche und gesellschaftliche Notwendigkeit darstellt; zum anderen, dass die konkrete Hinwendung zu Sterbenden und ihren Angehörigen eine unverzichtbare Aufgabe für uns Menschen als Einzelne und für das Gemeinwesen bildet.

Von der Hospizidee angeregte und berührte Frauen und Männer haben durch ihr ehrenamtliches Engagement deutlich gemacht:

- Sterbenden steht ein würdevoller und wertschätzender Platz in der Mitte der menschlichen Gemeinschaft zu.
- Sie und ihre Angehörigen haben ein Recht auf Zuwendung, Unterstützung, umfassende Sorge in Achtung ihrer Selbstbestimmung, ihrer persönlichen Geschichte und ihrer Hoffnungsvorstellungen.

Wie auch immer das persönliche Motiv Ehrenamtlicher aussieht, seien es persönliche Krankheitserfahrungen, das Miterleben des Sterbens von Familienangehörigen oder Freunden, leidvolle Erfahrungen im beruflichen Kontext, immer reift der persönliche Wunsch nach Veränderung der erlebten konkreten Situation zu dem Anliegen, auch öffentlich auf einen grundlegenden Wandel der inneren Haltungen und des konkreten Handelns im Umgang mit den spezifischen Bedürfnissen von sterbenden Menschen hinzuwirken.

Die Hospizbewegung als Bürgerbewegung hat damit grundlegende gesellschaftliche Engführungen und Fehlentwicklungen im Umgang mit der Begrenztheit und Endlichkeit unseres Lebens und den dazu gehörenden Trauerzeiten und Abschiedsritualen aufgezeigt und mit dem modernen Hospizkonzept eine Alternative zur Verfügung gestellt.

Obwohl wesentliche Schritte zur Etablierung in das medizinisch und soziale Versorgungssystem entscheidend vorangekommen sind, bleiben noch viele Fragen offen. Die durch ehrenamtliche MitarbeiterInnen geleistete Begleitung Sterbender und ihrer Familien ist ein zentraler Aspekt hospizlicher Arbeit, die durch Hauptamtliche aus Pflege, Medizin, Seelsorge, Sozialarbeit ergänzt wird. Gerade im ambulanten Bereich stellt sich klar heraus, dass Sterbe- und Trauerbegleitung ohne den Einsatz ehrenamtlicher Mitarbeiterinnen gar nicht denkbar ist: Ehrenamtliche tragen einen Hauptanteil der hospizlichen Arbeit.

Die Begleitung Sterbender ist vornehmlich mitmenschliche Zuwendung und Begegnung. Dies ist eine Qualität, die durch keine Profession zu ersetzen ist. Daher bauen Hospize auf die Bereitschaft ihrer ehrenamtlich Engagierten. Dennoch ist darauf zu achten, dass angesichts der Kostendebatte im Gesundheitswesen ehrenamtliches Engagement nicht verzweckt wird, um sinnvolle und notwendige hauptamtliche Arbeitsplätze einzusparen.

Es muss sichergestellt sein, dass Ehrenamt das bleiben kann, was es ist, nämlich:

- freiwilliger Einsatz,
- frei geschenkte Zeit für die Belange und Interessen sterbender Mitmenschen,
- unentgeltliches und zeitlich begrenztes Engagement, das Ehrenamtliche jederzeit auch wieder zurücknehmen können.

Hospizarbeit auf dem Weg zur Etablierung

Mit der wachsenden Akzeptanz hospizlicher Arbeit geht einher, dass sie zunehmend in die bestehenden Strukturen des Gesundheitswesens eingebunden wird. Der Übergang von einer zunächst protestorientierten, vom Ehrenamt getragenen (Bürger)-Bewegung in die Verantwortung innerhalb des staatlichen Gesundheitssektors stellt eine große Herausforderung dar. Dieser Schritt bedeutet einerseits Förderungen und Absicherungen, andererseits aber auch Reglementierungen und Anforderungen. Entsprechend stellt die Entwicklung für viele in der Hospizbewegung Engagierte die Erfüllung eines lange angestrebten Zieles dar. Für andere jedoch ist sie auch mit Gefühlen von Angst, Sorge und Trauer, sogar mit Enttäuschung und Wut verbunden. Denn tatsächlich geht diese Entwicklung mit einem partiellen Abschied einher von einem zunächst überschaubaren, von persönlicher Begeisterung und großer Eigenverantwortlichkeit geprägten Engagement, das viel Freiheit und Raum für Kreativität bietet. Für viele brachte ihr ehrenamtlicher Einsatz auch ein (legitimes) Feld sinnerfüllender Aktivität, und es stellte die Möglichkeit zur Profilierung dar. Die Angst, nach Jahren hochmotivierter, zeitintensiver und unentgeltlich geleisteter ehrenamtlicher Aufbauarbeit nun vielleicht in die zweite Reihe gedrängt zu werden, von hauptamtlichen Kräften abgelöst und von unüberschaubaren Strukturen überrollt zu werden, ist berechtigt und ernst zu nehmen.

Vereine und Gruppen sind vor allem dann mit solchen Entwicklungen konfrontiert, wo sie, um mit den Entwicklungen Schritt halten zu können, mit größeren Trägern in Kooperationen eintreten. Solche Kooperationen machen meist viel Sinn, weil die Arbeit wirkungsvoller gestaltet werden kann aufgrund der Erfahrungen,

Kontakte, personellen und finanziellen Ausstattung, über die große, im Gesundheitswesen etablierte Einrichtungen verfügen. Oft aber gibt es bei allen gemeinsamen Zielvorstellungen große Unterschiede in den Ansichten darüber, *wie* die konkreten Schritte umgesetzt werden sollen, *wie* Meinungsbildungs- und Entscheidungsprozesse gestaltet werden.

Damit die Professionalität eines großen Trägers *und* die Ressourcen, die nur ehrenamtliches Engagement einbringen kann, eine fruchtbare Verbindung eingehen können, bedarf es eines klaren Blickes und des deutlichen Willens, sich gemeinsam in einen Prozess zu begeben, der für beide Seiten neue und ungewohnte Erfahrungen bringen wird und der viel Offenheit, Toleranz und Gesprächsbereitschaft fordert. Das Gelingen wie das Nichtgelingen solcher Prozesse setzt sich immer durch alle Ebenen hin fort und beeinflusst in der hospizlichen Alltagspraxis auch das Verhältnis von ehrenamtlichen und hauptamtlichen MitarbeiterInnen an der Basis.

Finanzielle Unterstützung ehrenamtlicher Hospizarbeit

Ehrenamtliche Arbeit geschieht zwar unentgeltlich, ist aber nicht kostenlos und daher auf finanzielle Förderung angewiesen. Kosten entstehen unter anderem für:

- Versicherung
- Fahrten
- Vorbereitungsseminare
- Supervision
- Fortbildung
- Öffentlichkeitsarbeit

Hinzu kommen Kosten für hauptamtliche MitarbeiterInnen, die die Einsätze planen und koordinieren und die ehrenamtlichen MitarbeiterInnen in ihrer Arbeit begleiten und unterstützen.

Für stationäre und teilstationäre Hospizeinrichtungen ist die Finanzierung der dort erbrachten Leistungen zu einem Teil gegeben. Durch Einfügung des § 39 a in das Sozialgesetzbuch (SGB) ist 1997 ein Rechtsanspruch auf Zuschuss zu den Kosten stationärer und teilstationärer Versicherung durch die Krankenkassen verankert worden.

In der ambulanten Hospizarbeit fehlt bislang eine solche Regelfinanzierung völlig, was eine kontinuierliche und planbare Arbeit sehr erschwert. Hospizdienste sind auf Mitgliedsbeiträge und Spenden angewiesen. Die BAG Hospiz *(s. Anhang)* hat im März 2001 eine Vorlage zu einem Gesetzesantrag in den Bundesrat eingebracht, die den Krankenkassen die Förderung ambulanter Hospizarbeit ermöglichen soll.

Die AOK Rheinland-Pfalz hat zudem in einer Rahmenvereinbarung mit der LAG Hospiz Rheinland-Pfalz ein Programm aufgelegt, das unter bestimmten Voraussetzungen eine 40-prozentige Übernahme der Kosten für eine hauptamtliche Hospizfachkraft eines ambulanten Hospizdienstes durch die AOK vorsieht. Als Voraussetzung für einen solchen Antrag müssen Vereine / Initiativen nachweisen:

- eine eigene Geschäftsstelle mit regelmäßiger Erreichbarkeit,
- einen Stamm von mindestens 20 vorbereiteten ehrenamtlichen MitarbeiterInnen,
- mindestens 20 abgeschlossene und dokumentierte Sterbebegleitungen,
- Nachweis über die Restfinanzierung.

Es bleibt abzuwarten, ob weitere Fördermöglichkeiten auf staatlicher oder kommunaler Ebene erreicht werden, um ehrenamtliches Engagement im Hopizbereich ausreichend abzusichern – was dringend notwendig ist.

Aufgaben ehrenamtlicher HospizmitarbeiterInnen

Die beiden grundlegenden Aufgabenfelder hospizlicher Arbeit sind ausreichende Schmerzkontrolle und palliative Versorgung sowie mitmenschliche Begleitung.

Ob die spezifischen Bedürfnisse Sterbender Beachtung finden und ob die betreuenden Menschen – Familie, Freunde, Ärzte, Pflegende – angemessen darauf reagieren können, entscheidet mit darüber, wie ein schwer kranker Mensch seinen letzten Lebensabschnitt gestalten und beschließen kann. Das Eingehen auf diese Bedürfnisse erfordert zunächst einmal keine besondere Fachlichkeit und schon gar nicht einen bestimmten Ort. Mitmenschliche Begleitung von Sterbenden meint: sich als Mitmensch zu verstehen, offen und achtsam die Situation eines sterbenden Mitmenschen wahrzunehmen, seine Angst, seinen Schmerz, seine Trauer, seine

Dankbarkeit und seine Hoffnung. Solche Sterbebegleitung meint Weggefährtenschaft: einander auf der letzten – wohl schwersten – Wegstrecke des Lebens nicht allein zu lassen. Solche Weggefährtenschaft ist der Ort ehrenamtlichen, hospizlichen Engagements.

Der Begriff »Ehrenamt« erweist sich als sehr passend, wenn wir einen Blick auf den Ursprung der Wortelemente werfen:

Ehre: *im Mittelhochdeutschen, Althochdeutschen und Germanischen meint es so viel wie Achtung; auch Gnade; Milde; Hilfe; Wohltat*

Amt: *im Mittelhochdeutschen, Althochdeutschen und Gotischen bedeutet es so viel wie Dienst, auch Diener, Gefolgsmann; Begleiter; derjenige, der sich bei seinem Herrn aufhält.*[*]

*Ehren*amtliche BegleiterInnen wenden sich Sterbenden und ihren Angehörigen achtsam und mit Achtung zu; das meint aufmerksam für das, was den betroffenen Menschen zur Hilfe gereichen könnte und was ihnen wohl tut. Es bedeutet, mit Respekt dem schon gelebten Leben, dem Gelungenen und dem Bruchstückhaften, nicht Vollendeten darin, zu begegnen. Und es heißt, die Bedingungen und Möglichkeiten des familiären und sozialen Umfeldes, aber auch die Grenzen respektvoll anzuerkennen.

Sich ehren*amt*lich zuwendende Frauen und Männer nehmen ihre Aufgabe wahr in dem Bewusstsein, dass sie Gefolgsleute sind, dass sie dem Weg und den Wünschen folgen, die der sterbende Mensch gehen will oder gehen kann. Sie sind in der Lage, die Bedürfnisse desjenigen, bei dem sie sich aufhalten, als Maßstab / »Herrn« ihres Handelns anzuerkennen. Sie begleiten in dem Sinne, dass sie Geleit geben. Diese dienende Funktion schließt immer ein, dass allein der sterbende Mensch das Ziel, den Weg und die Mittel bestimmt und seine Bedürfnisse im Mittelpunkt stehen.

Die hospizliche Begleitung durch Ehrenamtliche lässt sterbende Menschen spüren, dass sie nicht aus dem Leben herausfallen, nicht aus Beziehungen und auch nicht aus dem Rahmen, der ihnen Sicherheit gibt.

Ehrenamtliche erleben ihrerseits, dass die Begleitung sterbender Menschen und ihrer Angehörigen, die Anteilnahme an deren Schicksal und Weg sie zutiefst bereichern kann. Sie spüren oft

---

* Kluge, Friedrich, Etymologisches Wörterbuch der deutschen Sprache, Berlin 1995, S. 35 f.; 206.

hautnah, wie es sich anfühlt, genug geliebt zu haben oder genug geliebt worden zu sein, aber auch, was es bedeutet, leben und sterben zu müssen ohne eine solche Erfahrung.

Der Beitrag, den ehrenamtliche MitarbeiterInnen in der Sterbebegleitung leisten, bildet einen Teil der ganzheitlichen Versorgung, wie sie Hospizeinrichtungen anbieten. Durch ihre Nähe zum Patienten erfahren sie oft unmittelbar, wo der Sterbende ungelöste Fragen, Probleme oder Bedürfnisse hat oder ob er über Schmerzen oder andere quälende Symptome klagt, die behandelt werden müssen.

Wo die Begleitenden an die Grenzen ihrer Kompetenz stoßen, stellen sie Kontakte zu den anderen fachkompetenten Personen in der Hospizeinrichtung her. Oft müssen erst körperliche Schmerzen und Beschwerden gelindert werden, bevor Gespräche oder andere unterstützende Angebote wirklich hilfreich sein können. Dennoch zeigt die Erfahrung immer wieder, dass Schmerz ein Erleben ist, das vielerlei Ursachenkomponenten umfasst und sehr individuell geprägt ist. Deshalb ist es so wichtig, dass Ärzte und Ärztinnen, SozialarbeiterInnen, SeelsorgerInnen, PsychologInnen, Pflegende und Ehrenamtliche ihre Aufgabe gemeinsam und in Absprache miteinander wahrnehmen. In einem so zusammenwirkenden interdisziplinären Team ergänzen sich die Fachkompetenz spezieller Berufsgruppen mit der Alltagskompetenz ehrenamtlicher MitarbeiterInnen. Normalität und Lebensalltag, die Ehrenamtliche in die Krankheitssituation hineinbringen können, sind durch keine Profession zu ersetzen.

Was Menschen bewegt, Sterbende zu begleiten

Wenn Menschen im Hospiz mitarbeiten wollen, nennen sie sehr persönliche und individuelle Gründe dafür. Zwei Argumente jedoch werden immer wieder angeführt:

- Ein Teil der Befragten hat selbst Familienmitglieder oder Freunde im Sterben begleitet und die Erfahrungen als überwiegend positiv und bereichernd erlebt, unabhängig davon, ob die Begleitung zu Hause, im Heim oder im Krankenhaus stattgefunden hat. Sie haben andere als hilfreich erleben können oder selbst hilfreiche Ressourcen entwickelt und möchten diese Erfahrungen gerne an andere weitergeben oder für andere nutzbar machen.

- Ein anderer Teil hat gegenteilige Erfahrungen gemacht. Sie haben Sterbeprozesse in ihrer Umgebung als höchst unbefriedigend und würdelos erlebt, sich selbst und andere als hilflos oder inkompetent erfahren. Sie haben von Hospizarbeit gehört und möchten nun lernen, wie sie die Begleitung von Sterbenden anders und besser gestalten können. In beiden Gruppen finden sich auch Menschen, die beruflich mit der Versorgung Schwerkranker und Sterbender zu tun haben.
- Darüber hinaus ist noch eine dritte Gruppe zu nennen. Sie begegnet uns in Hospizeinrichtungen, die Teile ihrer Vorbereitungsseminare offen anbieten und nicht von Beginn an auf eine Mitarbeit im Hospiz ausrichten. Zu den Seminaren kommen auch Menschen, die noch gar keine Erfahrung mit Tod und Sterben haben. Sie möchten sich mit diesem Themenkreis für sich persönlich auseinander setzen oder sich im Hinblick auf das Älter- und Gebrechlichwerden ihrer Eltern damit befassen. Auch aus dieser Gruppe, die zunächst sehr private Interessen hat, erklären sich immer wieder Menschen bereit, sich weiterhin ehrenamtlich im Hospiz zu engagieren.

Die Gruppe der ehrenamtlichen HospizmitarbeiterInnen setzt sich aus Frauen und Männern zusammen, die unterschiedlichen gesellschaftlichen Schichten, Alters- und Berufsgruppen, religiösen Kontexten oder Konfessionen entstammen. Sie leben in ganz verschiedenen familiären Konstellationen oder sind allein stehend, sind beruflich oder in der Familie tätig, arbeitslos oder in Rente. Sie bringen in ihre hospizliche Arbeit den Reichtum ihrer Lebenserfahrungen und Charaktere ein, besonders aber ihre Bereitschaft, sich selbst und ihre Zeit zur Verfügung zu stellen. Sie bilden die Seele jeder Hospiztätigkeit, denn sie sind diejenigen, die der Not und der Hoffnung ihrer Abschied nehmenden, sterbenden und trauernden Mitmenschen am nächsten stehen. Sie sind die Sympathisanten, die Mit-Leidenden, die ihre Solidarität immer wieder neu unter Beweis stellen.

Für viele, die Sterbende begleiten wollen, ist es sehr wichtig, dass sie ihr Engagement an eine Organisation anbinden können. Einige haben schon Erfahrung mit Begleitungen, die sie im Rahmen eines gemeindlichen Besuchsdienstes, als Nachbarschaftshilfe oder privat gemacht haben. Im hospizlichen Team erleben sie, dass es entlastend ist, die Arbeit gemeinsam zu verantworten, konflikthafte Erlebnisse mit hauptamtlichen MitarbeiterInnen oder in der Supervision (s. u.) besprechen zu können. Sie wissen zu schätzen, dass es gemeinsame Rituale gibt, die auch das Schwere tragen helfen, dass sie in Fortbildungs- und Begleitungsangeboten ihre Fähigkeiten weiter entwickeln und dass sie diese auch zu persönlichem Wachstum nutzen können.

Hospizeinrichtungen bieten ehrenamtlichen MitarbeiterInnen zusätzlich:

- Fahrtkostenerstattung,
- Versicherungsschutz während des Einsatzes,
- eine qualitativ hochwertige Vorbereitung auf ihren Dienst,
- fortlaufende Fortbildungsangebote sowie
- gemeinschaftserhaltende Veranstaltungen.

Voraussetzung für ehrenamtliche Hospizarbeit

In allen Hospizeinrichtungen, die ehrenamtliche MitarbeiterInnen einsetzen, werden klare Bedingungen für diese Arbeit genannt. Dass dem so ist, dient sowohl dem Schutz der Interessierten selbst als auch dem Schutz der Menschen, für die sie sich engagieren wollen. Es gehört zum verantwortlichen Handeln von Hospizvereinen (bzw. den beauftragten KoordinatorInnen, MentorInnen, BegleiterInnen) zu prüfen, ob jemand die Voraussetzungen für ehrenamtliches Engagement erfüllt. Das wird auf unterschiedliche Weise, z. B. durch Einzelgespräche oder Fragebögen, getan. Folgende Faktoren spielen dabei eine Rolle:

- Interessenten und Interessentinnen müssen bereit sein, sich mit den Themen Sterben, Tod, Abschied und Trauer persönlich auseinander zu setzen. Dabei geht es auch um die eigenen Ängste und Hoffnungen, um die Erfahrungen von Verlust und Trauer in der eigenen Lebensgeschichte.
- Sie müssen bereit sein, sich auf ein selbsterfahrungsbezogenes Lernen in der Gruppe einzulassen. Eigene Gefühle und Gedanken einzubringen und die Bereitschaft, sich auch selbst begleiten zu lassen, sind Voraussetzung für das Lernen in der Vorbereitungsgruppe wie auch für die spätere Mitarbeit.

- Die Bereitschaft, sich selbst und die eigenen Konflikt- und Bewältigungsmuster zu reflektieren, ist eine weitere Grundvoraussetzung. Wer sterbende Menschen in sehr verschiedenen Kontexten und Lebenssituationen begleiten will, braucht ein hohes Maß an Toleranz, Einfühlungsvermögen und Flexibilität. Es ist gut, sich klar zu machen, wo die eigenen Stärken und Ressourcen liegen, und es ist nötig, von eigenen Vorstellungen und Erfahrungen absehen und abstrahieren zu können, um dem anderen nicht Eigenes überzustülpen.
- Ehrenamtliche sollten die Bereitschaft mitbringen, an angebotenen Fortbildungen teilzunehmen, die für ihr Wissen und ihre Fähigkeiten in der Begleitung Sterbender und ihrer Angehörigen sinnvoll und vertiefend sind.
- Da die ehrenamtliche Arbeit im Auftrag der Hospizeinrichtung wahrgenommen wird, ist Voraussetzung, dass sich MitarbeiterInnen mit der Organisation identifizieren, sie entsprechend in der Öffentlichkeit repräsentieren und bereit sind, sich als Teil der Organisation in das Team einzubinden.
- Die patientennahe Arbeit erfordert zudem die Bereitschaft des Begleiters, die Schweigepflicht einzuhalten, die Begleitungseinsätze schriftlich zu dokumentieren und diese Dokumentation den hauptamtlichen Einsatz- und Koordinationskräften zur Verfügung zu stellen.
- HospizmitarbeiterInnen sollten in der Lage sein, ihre persönlichen Möglichkeiten und Grenzen realistisch einzuschätzen.
- Es ist ebenfalls von Bedeutung, dass sie ihre ehrenamtliche Arbeit mit den Personen in ihrem persönlichen Lebensumfeld abgestimmt haben und sich unterstützt fühlen.
- Es ist wichtig, dass sie ein verlässliches Zeitkontingent zur Verfügung stellen können (gewöhnlich zwei bis acht Stunden wöchentlich), gegebenenfalls in akuten Situationen jedoch auch davon abweichend erreichbar sind.

Neben diesen positiven Voraussetzungen gibt es auch erschwerende und ausschließende Faktoren für ehrenamtliches Engagement, wie:

- Aktuelle Krisen- oder Konfliktsituationen, die verhindern, dass Menschen genug Distanz zu der eigenen Problematik aufbauen, um für andere hilfreich zu sein,

- akute Krankheitssituationen oder eine bestehende Suchtproblematik,
- Verlusterlebnisse und akute Trauer, die noch nicht bearbeitet und ausreichend verschmerzt sind.

Es sollte selbstverständlich sein, das Menschen dann auf entsprechende Hilfsangebote hingewiesen werden und ihnen zugesichert wird, dass ihr Wunsch nach Mitarbeit zu einem späteren Zeitpunkt noch einmal aufgegriffen werden kann. Die Gründe für ein Abraten bzw. eine Ablehnung sollte den InteressentInnen unbedingt transparent gemacht werden, so dass diese sie für ihren weiteren Weg nutzbar machen können.

Die von allen Hospizeinrichtungen angebotenen Vorbereitungsseminare haben den Sinn, die eigenen mitgebrachten Fähigkeiten und Ressourcen einerseits bewusster und damit verfügbarer zu machen, andererseits Ängste, problematische Erfahrungen oder Haltungen zu reflektieren und dadurch variabler damit umgehen zu können.

Die Vorbereitungsphase (mit ihren Einführungsgesprächen, Vorbereitungsseminaren, Motivationsklärungen u. a. m.) hat immer den Sinn, sowohl ehrenamtliche MitarbeiterInnen als auch die Hospizpatienten langfristig vor Überforderungen und unreflektierten Übertragungen zu schützen.

Nicht immer bedeuten Bedenken, die eine Mitarbeit im patientennahen Kontakt nicht sinnvoll erscheinen lassen, dass Personen gar nicht im Hospiz mitarbeiten können. Bereiche wie Öffentlichkeitsarbeit und Hilfe bei administrativen Arbeiten im Büro oder im Telefondienst sind ebenso wichtige Wirkungsfelder ehrenamtlicher MitarbeiterInnen. Und ehrenamtliche Mitarbeit – das dürfte deutlich geworden sein – ist unverzichtbar für hospizliches Engagement!

Catrina E. Schneider

Ehrenamtliche Hospizarbeit konkret

Da Zeit das Kostbarste, weit unwiederbringlichste Gut ist, über das wir verfügen, beunruhigt uns bei jedem Rückblick der Gedanke etwa verlorener Zeit. Verloren wäre die Zeit, in der wir nicht als Mensch gelebt, Erfahrungen gemacht, gelernt, geschaffen, genossen und gelitten hätten. *Dietrich Bonhoeffer**

Ehrenamtliche MitarbeiterInnen bringen ein sehr kostbares Gut in die Hospizarbeit ein – ihre Zeit. Im Nahbereich des Todes spielt nichts eine so große Rolle wie Zeit: Sie läuft davon.

Schwerkranke verhandeln oft um ein wenig mehr oder um schmerzfreie Zeit. Angehörige kämpfen um Zeit, die sie bei ihren Kranken verbringen können oder um Zeit, in der sie wieder einmal etwas für sich sein oder tun können.

Alle, die mit der Endlichkeit des Lebens konfrontiert werden, spüren, wie sehr die Uhren auf einmal anders gehen, und dass nichts aufgeschoben werden kann. Manche Worte und Sätze sind nicht mehr einfach so sagbar: »Bis morgen« oder »Auf Wiedersehen«. Man kann sie sagen, aber nur in dem Wissen, dass vielleicht niemand mehr da sein wird, um sie zu erfüllen. Das, was noch zu tun, zu sagen, zu versöhnen, zu segnen, zu singen, zu schaffen, zu lernen, zu leben und zu genießen ist, kann verlässlich nicht mehr auf später verschoben werden. *Was gilt, ist hier und jetzt.*

Für alle bekommt die Zeit eine andere Qualität.

Ich erlebe, dass es für uns hauptamtliche MitarbeiterInnen und für die ehrenamtlichen MitarbeiterInnen zwei Möglichkeiten gibt, diese Zeitqualität zu erleben:

- Die Zeit verlangsamt sich.
  Wir erfahren, dass nichts so wichtig ist wie das, was jetzt gerade dran ist. Wir spüren, dass wir in Ruhe bei uns selbst und bei unserem Gegenüber sein können. Wir wissen genau, dass nicht alles zu leisten ist – und auch nicht sein muss – und finden Frieden auch in dieser Begrenztheit des Möglichen.

---

* Dietrich Bonhoeffer, in: ders., Auf Gott vertrauen, Gütersloher Verlagshaus, Gütersloh 1998, Einbandseite hinten.

- Die Zeit beschleunigt sich.
  Wir haben Angst, Zeit zu verlieren, gerade weil sie so unwiederbringlich ist, weil noch zu viel zu machen und zu schaffen ist. Jeder Rückblick zeigt uns, was alles (noch) nicht gelebt, gelernt und genossen ist. Und das macht das Beunruhigende aus.

Diese Erfahrungen machen wir nicht nur in der patientennahen Begegnung, sondern diese irgendwie immer spürbare Präsenz der Endlichkeit und Begrenztheit überträgt sich auch auf organisatorische Ebenen: auf den Alltag im Büro, auf die Arbeit im Vorstand des Vereins, auf die Gruppe, die die Öffentlichkeitsarbeit koordiniert, auf Planungsvorgänge, die in die Zukunft reichen …

Daher denke ich, dass es sehr wichtig ist, dass wir uns – wo immer auch unser Platz im Hospiz ist – die Erlaubnis geben und die Zeit, innerlich etwas zurückzutreten und zu spüren, was die Zeit gerade mit uns macht und wie wir uns diese Kostbarkeit erhalten wollen, so dass sie allen gut tut. Gerade weil die Zeit so begrenzt ist und oft so grenzenlos viel zu machen wäre, ist es lebenswichtig, selbst Zeiten und Grenzen zu setzen. Der Wettlauf gegen die Zeit ist nie zu gewinnen.

Dies ist ein zentraler Grund, warum ehrenamtliche MitarbeiterInnen ihre Aufgaben in einem fest umrissenen Umfang von ca. zwei bis acht Stunden wöchentlich wahrnehmen sollten. Das dient einerseits dazu, sich nicht zu verschleißen, und heißt andererseits klar zu sehen, wo der Platz als HelferIn im eigenen Leben, in der eigenen Familie, im Beruf, im Alltag ist.

Von einer Kollegin hörten wir vor einiger Zeit, dass sie sich von einer ehrenamtlichen Mitarbeiterin trennen musste, die nicht (mehr) in der Lage und nicht bereit war, solche Grenzen für sich und für die von ihr betreuten Personen zu ziehen. Der Kontakt zur eigenen Familie war desolat. Die Familie des Betreuten drohte zu ersticken.

Natürlich erliegen auch hauptamtliche Kräfte manchmal dieser Gefährdung. So ist es eine wesentliche Aufgabe der hospizlichen Einrichtungen, dass die Einhaltung dieser Grenzen geachtet bzw. dass dafür »gesorgt« wird – in mehrfachem Sinne. Schon allein deshalb ist es gut, im Team zu arbeiten und sich gegenseitig korrigieren zu können. Noch effektiver ist es, eine Person mit diesem Thema »Einhaltung von Grenzen« zu beauftragen.

Erfahrungen in der Begleitung

Liebes Leben

Liebes Leben, fang mich ein,
halt mich an die Erde.
Kann doch, was ich bin nur sein,
wenn ich es auch werde.

Gib mir Tränen, gib mir Mut,
und von allem mehr.
Mach mich böse oder gut,
nur nie ungefähr.

Liebes Leben, abgemacht?
Darfst mir nicht verfliegen.
Hab noch so viel Mitternacht
sprachlos vor mir liegen.

*Konstantin Wecker**

Ehrenamtliche patientennahe Begleitung ereignet sich zwischen zwei Polen: Sie bringt Leben ins Haus und sie hält das Sterben aus.

Ehrenamtliche SterbebegleiterInnen leisten vor allem erst einmal Lebensbegleitung, denn sterbende Menschen sind zunächst und in erster Linie lebende Menschen!

Der Text von Konstantin Wecker bringt das gut zum Ausdruck:

Liebes Leben, fang mich ein, / halt mich an die Erde
Der Mensch ist auch bei aller Krankheit einer, der noch ist und noch wird! Es wäre fatal, von ihm oder mit ihm so zu sprechen, als wäre sein Leben schon Vergangenheit. Sein Platz ist auf der Erde. Jede Faser hängt am Leben und wünscht sich dieses »liebe Leben«.

Gib mir Tränen, gib mir Mut,/ und von allem mehr
Das Leben steht mitten in der Spannung zwischen der Trauer um das, was nicht gut ist oder auch nicht mehr gut wird, und der Hoffnung, dass alles

---

* Konstantin Wecker, in: ders., Man muß den Flüssen trauen, Rowohlt Taschenbuch Verlag, Hamburg 1982, S. 11.

doch noch ganz und heil wird. Egal ob böse oder gut, das Leben schreit nach mehr, nach Intensität, nach etwas, das bleibt.

Liebes Leben, abgemacht? / Darfst mir nicht verfliegen
Wer sein Leben liebt, verhandelt, feilscht, bittet, fleht, dass es ihm noch bleibt, nicht so schnell verfliegt, entgleitet. Es ist ein zutiefst menschliches Recht, darum zu kämpfen, mit dem Schicksal zu hadern, und Menschen, die allzu viel und allzu früh den Tod reklamieren und das Loslassen fordern, zum Teufel zu wünschen.

Hab noch so viel Mitternacht / sprachlos vor mir liegen
Der Schwerkranke weiß, dass viel Mitternacht bevorsteht, Dunkelheit, Angst, Hoffnungslosigkeit und Zweifel, die sprachlos machen. Aber noch sind sie nicht ganz nah – sie liegen vor ihm als Ahnung.
Begleiter, die die Erde gut kennen und sich darauf wohl fühlen, können auch gute Mitternachtswächter sein!

Die folgende Begleitungserfahrung wird von einer unserer ehrenamtlichen Mitarbeiterinnen im Ambulanten Hospiz Neuwied selbst geschildert. Der Kontakt zu Frau A., von der Dorothee Bauer erzählt, kam über die Pflegeüberleitung des Krankenhauses, in dem sie auf der Palliativstation behandelt worden war, zustande. Frau A. sollte und wollte möglichst rasch nach Hause entlassen werden, wo sie bisher selbständig und unabhängig gelebt hatte. Dies aber würde nun nicht mehr möglich sein. Ihre drei Kinder hatten einen sehr guten Kontakt zur Mutter, wohnten aber alle weit entfernt. Jetzt stand zunächst im Raum, wie die nächsten drei Wochen bis zum 80. Geburtstag von Frau A. gestaltet werden könnten.

Dorothee Bauer, aktive Hospizhelferin in Neuwied, erzählt:
»Ich freue mich, dass Sie kommen!« So begrüßt uns eine Frau mittleren Alters an der Tür. Sie bittet uns beide, die Einsatzleiterin und mich, ins Wohnzimmer, wo sie uns mit frischem Kaffee und Plätzchen schon erwartet hat.

Ihre Mutter, um die es geht, schläft im Moment noch. So hat die Tochter Zeit, uns in aller Ruhe mit der Situation vertraut zu machen, in der sich die Familie – plötzlich – befindet.

Frau A., 79 Jahre alt, war vor kurzem gefallen und kam ins Krankenhaus. Dort wurde überraschend festgestellt, dass ein Knochenkrebs im Beckenbereich so weit fortgeschritten ist, dass keine heilende Behandlungsmöglichkeit mehr besteht. Nun ist Frau A. nach Hause entlassen – doch sich alleine zu versorgen wie bisher, das ist nicht mehr möglich. Wie soll es weitergehen? Ist das der Beginn des Sterbeprozesses? Wenn ja, wie lange würde er dauern? Oder gibt es vielleicht doch noch Aufschub? Fragen über Fragen!

Die Tochter von Frau A. macht uns mit den Überlegungen vertraut, die sie zusammen mit ihren beiden Geschwistern bisher angestellt hat. Frau A. will in knapp drei Wochen ihren 80. Geburtstag feiern, und die Kinder setzen alles daran, dass die Mutter dieses Fest zu Hause erleben kann. ›Danach sieht man weiter! denken sie!‹.

Untereinander haben sie die Betreuung für diese drei Wochen aufgeteilt: Je eins der Kinder ist für einige Tage da, zudem haben sie schon eine feste Nachtwache engagiert, und ein rühriger Nachbar kann auch einspringen. Nur zwischendurch gibt es immer mal wieder Stunden, in denen keiner im Haus sein kann, und dafür bin ich angefragt, denn die kranke Frau soll auf keinen Fall allein sein. Medikamente müssen verabreicht werde, mal muss man für eine Mahlzeit sorgen, die Begleitung zur Toilette muss gewährleistet sein usw. Alles wird besprochen, und wir kommen überein, dass ich die »Fehlzeiten« übernehme. Meine Einsatzzeiten fallen also etwas aus dem sonst üblichen Zeitrahmen: Ich werde z. B. von 6 – 14 Uhr oder von 18 – 22 Uhr bei Frau A. sein.

Inzwischen ist Frau A. erwacht und wird von der Tochter ins Wohnzimmer geholt. Die alte Frau begrüßt uns freundlich. Sie strahlt eine Ruhe und Gelassenheit aus, die ich sofort empfinde und die mich beeindruckt. Sie ist mit unseren Überlegungen einverstanden, und so sehe ich ganz zuversichtlich meinem ersten Einsatz entgegen.

Immer wenn ich dann kam, wurde mir vom vorhergehenden Dienst die Tür geöffnet. Ich wurde informiert über das, was war – dann war ich da!

An zwei Abenden zeigte mir Frau A. die Fotoalben ihrer Familie. Ich lernte dabei ihren Mann, ihre Kinder und Enkel, Nichten und Neffen kennen. Es war schön, – sie erzählte ruhig, voll Wärme und Liebe von all diesen Menschen! Ein Stück ihres Lebens zog an uns vorüber! Damals begriff ich noch nicht, dass Frau A. mit diesem Erzählen Abschied von ihrer Familie nahm und dass sie dazu jemanden brauchte, der ihr emotional nicht zu nahe stand!

Bei späteren Besuchen war Frau A. gedanklich mit der Planung ihres Geburtstages beschäftigt. Auch wenn eine ihrer Töchter anrief, besprach sie dabei die Gestaltung dieses Tages. Sie selbst, die Kinder und auch ich dachten nur bis zum Geburtstag. Danach wollten wir weitersehen.

Die letzten Tage vor dem Fest war eine der Töchter durchgehend da, man sah inzwischen, dass die Kräfte von Frau A. deutlich nachließen. Am Tag selbst telefonierte ich noch mit ihr, sie war schon sehr schwach. Doch es kamen alle Gäste, die ihr wichtig waren, am nächsten Tag sogar noch die Nachbarinnen. Drei Tage später starb sie ganz still.

Frau A.'s Tod hat mich sehr berührt. Ich sah, wie sie ihr Leben lebte und es liebte – bis zuletzt. Ich sah, wie sie sich verabschiedete und das Leben losließ.

Für mich selbst ist immer wieder wichtig, anzunehmen, dass ich bei dem oder der Sterbenden oft nichts »tun« kann. Gebraucht wird von mir, dass ich da bin, die Schwäche und Hilflosigkeit mit aushalte, das letzte Wegstück begleite, und wenn er oder sie es wünscht (und keine Angehörigen dazu da sind; Kommentierung: I.L.), die Hand halte bis zum Schluss.

Die Begleitung von Frau A. hat mich auf eine Weise beschenkt, die ich nicht erklären kann. Ich weiß nur, dass mich inzwischen manches vordergründig Imposante weniger beeindruckt, weil zum Schluss »anders gezählt« wird.

Frau A. hatte ihren Geburtstag zu ihrem Abschiedsfest gemacht. Für alle war spürbar, was dieser Tag für sie bedeutete. Über allen lag die Ahnung, dass es nicht nötig war, sich viele Sorgen um das Danach zu machen. Frau A. konnte sich mit der ehrenamtlichen Begleiterin innerlich auf das Fest und auf alle Personen, die kommen sollten, vorbereiten. Es war gut, dass sie mit jemand, der nicht zur Familie gehörte, Fotos anschauen und Familiengeschichten erzählen konnte. So war es möglich, um das entgleitende Leben zu trauern und Dinge und Ereignisse noch einmal abschließend zu betrachten.

Die Aufgaben, die HospizbegleiterInnen wahrnehmen, sind von Fall zu Fall sehr verschieden, und die Erfahrungen, die sie machen, jedes Mal anders. Gemeinsam ist, dass sie – egal ob im stationären Hospiz, im Heim oder im häuslichen Umfeld – durch ihre Besuche ein Stück normales Leben, aus dem sie gerade kommen, in die Begegnung hineinbringen.

Sie sprechen über das Wetter, erzählen von eigenen Begegnungen und Ereignissen der letzten Zeit, stellen einen Einkaufszettel zusammen und machen Besorgungen, begleiten auf einem Spaziergang oder Theaterbesuch, wenn dies noch möglich ist, bringen die Zeitung mit und lesen daraus vor, setzen Kaffee auf oder füttern die Katze. Manchmal besteht ihr Dienst darin, einen Korb Wäsche zu bügeln oder beim Aufräumen der Wohnung zu helfen. Diese kleinen Haushaltsverrichtungen sind keineswegs geringer zu schätzen als Gespräche über den Sinn des Lebens, über Hoffnungen oder Ängste. Wenn es einen kranken Menschen froh und zufrieden macht, dass seine Umgebung nicht im Chaos versinkt, weil er selbst keine Kraft mehr hat, das Nötige dagegen zu tun, hat man als BegleiterIn einen wichtigen Beitrag geleistet.

Ehrenamtliche HospizbegleiterInnen sind durch ihre Vorbereitung in der Lage, auch über wichtige Fragestellungen Auskunft zu geben und verfügen über Sachinformationen, die sie im Bedarfsfall weitergeben, oder sie wissen, woher solche Informationen verlässlich zu bekommen sind.

Sie können zum Beispiel beim Ausfüllen einer Patientenverfügung helfen und wissen Bescheid, wenn es um Bestattungsfragen o. Ä. geht. Bei Testamentsfragen sollten und müssen sie übrigens immer auf Notare verweisen; das hängt mit dem einklagbaren Sachverhalt der Vorteilsnahme zusammen.

Grenzen der Begleitung

Begleitung findet immer – auch wenn keine Angehörigen mehr da oder vor Ort sind – im Familienkontext statt. Immer sind die familiäre Geschichte und die Beziehungen in der Begleitung präsent. Nicht selten werden ehrenamtliche BegleiterInnen in Verhaltensmuster der Familie verwickelt und zu Mitspielern (oder Hauptfiguren) im familiären Beziehungsgeflecht gemacht. Oft haben die Beziehungs- und Bewältigungsmuster von Familien solche Kraft, dass sie auch andere an der Versorgung beteiligten Personen und Organisationen mit hineinziehen. An einem Beispiel soll das verdeutlicht werden:

Der Kontakt des ambulanten Hospizes zu Frau B., einer Endsechzigerin, kam über das Krankenhaus zustande, in dem Frau B. stationär behandelt wurde. Nach einer längeren Zeit körperlicher Schwäche, die Frau B. aber nicht hatte ärztlich abklären lassen, wurde sie hier nun plötzlich mit der Diagnose einer Krebserkrankung im fortgeschrittenen Stadium konfrontiert. Es hatten sich bereits Metastasen gebildet, und es gab keinerlei Aussicht auf Heilung. Die

Lebenserwartung wurde als sehr gering eingeschätzt. Mit diesem Wissen wurde Frau B. entlassen. Frau B., die alleine lebte, konnte es nicht fassen.

Das ambulante Hospiz hatte vorgeschlagen, Frau B. mit zwei Hospizhelferinnen zu unterstützen und die Schmerztherapie zu überwachen. Aber obwohl Frau B. körperlich wie seelisch völlig am Ende war, tat sie sich sehr schwer damit, Hilfe anzunehmen.

Ihr Sohn lebte weiter entfernt und mit der Tochter gab es so gut wie keinen Kontakt. Frau B. wusste nicht einmal, wo sie wohnte. Auch die Geschwister hatten untereinander keinen Kontakt. Einzige Unterstützung war zunächst eine Freundin am Ort.

Ihr Zustand verschlechterte sich rapide, und nach und nach kamen außer dem ambulanten Hospiz, das nun doch zwei Begleiterinnen stellte, die Sozialstation, die Beratungs- und Koordinierungsstelle, erneut die Pflegeüberleitung des Krankenhauses und schließlich das stationäre Hospiz ins Spiel. Alle in diesen Diensten beteiligten Menschen waren über die Maßen engagiert. In einer Unmenge von Telefonaten, Gesprächen, Planungstreffen und Hausbesuchen wurde versucht, Frau B. zu helfen.

Die ehrenamtlichen Begleiterinnen, die mittlerweile abwechselnd kochten und sich unermüdlich bemühten, konnten fast nicht mehr schlafen oder träumten von ihr.

Alle, die Frau B. antrafen, verspürten einen großen Druck, etwas zu verändern. Frau B. aber war irgendwie nicht zu erreichen. Sie konnte nicht sagen, was ihr gut täte oder was sie als hilfreich empfinden würde. Während alle möglichen Personen und Dienste um sie herum rotierten und ständig neue Versuche starteten, meldete sich der Sohn sporadisch, um dann mitzuteilen, dass er die Situation keineswegs als so dramatisch einschätze und dass er eine Unterbringung im Hospiz nicht für nötig halte.

Die Folge war, dass sich alle Helferinnen noch mehr bemühten, alle Reserven mobilisierten und weit über Soll handelten. Die Situation erwies sich dennoch als nicht haltbar.

Als der nochmalige Vorschlag, Frau B. weiter im stationären Hospiz zu versorgen, das in der Nähe ihres Sohnes lag, von diesem abgelehnt wurde, und Frau B. immer nur mit »Ich weiß nicht« reagierte, wuchs die Ratlosigkeit – und der Ärger. Der Ärger stellte sich als guter Hebel heraus: Er erlaubte uns, ein Stück von der Situation zurückzutreten und anzuschauen, was hier ablief.

Durch kollegiale Supervision wurde uns deutlich, dass wir all das an Beziehung, Kommunikation, Unterstützung und Zugewandtheit wettzuma-

chen versuchten, was die Familie nicht leistete, nicht leisten konnte. Die Helfer powerten sich völlig aus, während die Familie, Frau B. eingeschlossen, ihrem familiären Muster treu blieb und regungslos wie im Auge des Orkans verharrte.

Es wurde sichtbar, dass die Beziehungslosigkeit der Personen untereinander und das mangelnde In-Kontakt-Sein mit sich selbst auch mit noch so großem Einsatz von außen nicht aufzufangen oder gar zu verändern war.

Wir hielten die Angebote, die wir in Gang gesetzt hatten, aufrecht, machten aber nach außen deutlich, dass wir an die Grenzen des für uns Leistbaren gelangt seien und gaben die Verantwortung für den verbleibenden Teil zurück.

Nachdem Frau B.'s Zustand sich so verschlechtert hatte, dass auch für ihren Sohn kein Zweifel mehr an ihrem bevorstehenden Tod bestand, wurde sie schließlich doch ins stationäre Hospiz gebracht, wo sie einige Tage später starb.

Alle beteiligten haupt- und ehrenamtlichen Mitarbeiterinnen blieben mit einer Gefühlsmischung aus Wut, Rat- und Trostlosigkeit, Befremden und Bestürzung zurück.

Dies wurde einige Tage nach der Beerdigung noch einmal durch den Anruf der Tochter, die bis dahin nicht in Erscheinung getreten war, verstärkt.

Sie hatte von ihrem Sohn, der seine Großmutter einige wenige Male besucht hatte, erfahren, dass die Mutter gestorben sei.

In diesem Gespräch machte sie uns Vorwürfe, wieso wir nicht mehr für ihre Mutter getan hätten – in Amerika gäbe es ausgezeichnete Krebstherapeuten ...

Wir haben in dieser wie in manch anderer Situation traurig, aber realistisch feststellen müssen, dass unsere Bemühungen an Grenzen stoßen.

Persönliche und familiäre Muster verstärken sich oft, wenn Menschen in existentielle und bedrohliche Krisen geraten. Die Möglichkeit, den Umgang mit sich selbst und anderen neu zu gestalten, ist eingeschränkt, und kein Helfersystem kann dies ohne Weiteres verändern.

In solchen Situationen besteht die Aufgabe der BegleiterInnen darin, das Wenige zu tun, das erwünscht ist, und auszuhalten, was sie an Beziehungslosigkeit, Streit, Schuld oder Versagen wahrnehmen und doch nicht ändern können.

Familien wählen oft merkwürdige Bewältigungsstrategien für ihr Leben – aber es ist der für sie zu diesem Zeitpunkt bestmögliche Weg, auch wenn das schwer zu glauben ist.

Das macht vielleicht noch einmal deutlich, wie wichtig es ist, dass alle HospizmitarbeiterInnen, gerade aber auch Ehrenamtliche, mit ihren eigenen persönlichen und familiären Verhaltensmustern vertraut sind und Orte (Supervision, Praxisbegleitung) haben, wo sie diese immer wieder neu anschauen und reflektieren können. Das Muster des Anderen können wir vom eigenen nur unterscheiden, wenn wir unseres kennen, und nur dann können wir selbstbestimmt und selbstverantwortlich in der Begleitungsbeziehung handeln.

Angesichts der begrenzten Lebenszeit und der oft sehr begrenzten Möglichkeiten, an einigen Punkten noch »nachzureifen«, leiden BegleiterInnen manchmal sehr an der Bruchstückhaftigkeit und an der Schmerzhaftigkeit, mit der manches Leben unabgeschlossen und einsam zu Ende geht. Manchmal gelingt es, dass Menschen – vielleicht auch angeregt durch die hospizliche Begleitung – Lebensfreude, Klärung, Verzeihen und Versöhnung erleben und noch einmal einen neuen Weg miteinander versuchen. Oft aber sind Familien – gerade in einer derartigen Belastungssituation und Bedrohtheit – nicht in der Lage, Neues zuzulassen. Sie müssen gerade dann auf bewährte, sichere Formen des Umgangs zurückgreifen, auch wenn diese Schmerz und Verletzung zufügen.

BegleiterInnen bleibt oft nur, mit den Betroffenen auszuhalten, gut für sich selbst zu sorgen und bewusst innerlich herauszutreten aus der quälenden Situation.

Wo Situationen auftreten, die für ehrenamtliche BegleiterInnen nicht mehr aushaltbar sind – auch nicht unterstützt z.B. durch Supervision –, werden gemeinsam mit Hauptamtlichen andere Lösungen gesucht, die es ermöglichen, sich auch äußerlich aus der Begleitung zu verabschieden.

Dieses Recht hat übrigens selbstverständlich auch der Hospizpatient: Wenn er spürt, dass er mit dem/der BegleiterIn Schwierigkeiten hat, dass diese Beziehung ihm nicht gut tut, kann er sie jederzeit beenden. Es ist wichtig, dass beide Beziehungspartner diesen Freiraum und diese Selbstbestimmungsmöglichkeit haben und dass keine Abhängigkeiten entstehen. Manchmal geschieht der

Begleitungsabbruch von Seiten des Patienten abrupt und wenig taktvoll. So erzählt eine ehrenamtliche Begleiterin, dass sie von einer Patientin, die sie zu Hause besuchte, nach dem dritten Besuch ohne Vorwarnung »herausgeschmissen« wurde mit den Worten: »Gehen Sie, ich kann Sie nicht mehr sehen!«

Ehrenamtliche werden im Vorbereitungsseminar und in der Praxisbegleitung darauf hingewiesen, dass solche Ablehnungen oder gar Abwertungen meist nicht sie als Person meinen, sondern dass sie die Reaktion auf eine Übertragung sind.

Umgekehrt dürfen auch BegleiterInnen ausdrücklich Widerstand und Ablehnung äußern, wenn Personen, die sie begleiten sollen, solche Gefühle und Prozesse in ihnen auslösen.

Überwiegend erleben ehrenamtliche BegleiterInnen, dass diese Arbeit, wenn sie in gute Rahmenbedingungen eingebettet ist, eine sehr befriedigende Aufgabe ist, in der Geben und Nehmen, Lachen und Weinen sich die Waage halten. Sie fühlen sich als BegleiterInnen ebenso beschenkt durch die Beziehung, die in der Begleitung wachsen kann, wie die Begleiteten selbst. Dadurch, dass Tod, Schmerz und Trauer im Leben einen Platz und Ausdruck finden können, gewinnt das Lebensgefühl insgesamt an Tiefe und Intensität.

Allerdings machen HospizmitarbeiterInnen auch immer wieder die Erfahrung, dass Menschen aus ihrem privaten Umfeld mit Befremden auf ihr Engagement reagieren und sie nicht selten den Vorwurf hören, sie seien nicht ganz normal, masochistisch oder todesverliebt. Mit solchen Aussagen bekommt der Einsatz für Sterbende aber – paradoxerweise – auch Bodenhaftung: denn er stellt uns, die wir als BegleiterInnen irgendwann selbstverständlicher mit diesem Aspekt des Lebens umgehen, vor Augen, wie groß die Angst der meisten unserer Mitmenschen vor dem Sterben, dem Tod und dem Trauern ist, und wie viel Hospizarbeit noch nötig ist.

Zusammenarbeit im multiprofessionellen Team

In den verschiedenen Hospizeinrichtungen und Hospizdiensten wird sterbenden Menschen ein qualifiziertes Angebot gemacht, um diese schwere Lebenssituation bewältigen zu können. Mit der Hospizarbeit hat sich eine neue Form der Kooperation von ehren- und hauptamtlich Arbeitenden im Sozial- und Gesundheitswesen entwickelt.

Das Gelingen aller Bemühungen um das Wohl der Begleiteten hängt wesentlich ab von der Vernetzung und Verzahnung der verschiedenen Helfer und ihrer besonderen Aufgaben. In der Zusammenarbeit im Hospizteam – gleich ob im ambulanten oder stationären – gilt es, die jeweiligen Aufgaben und Rollen als aufeinander bezogen und voneinander abhängig zu verstehen. Durch gegenseitige Anerkennung und Wertschätzung der jeweiligen besonderen Leistungen, die haupt- und ehrenamtliche MitarbeiterInnen einbringen, kann im Hospizbereich modellhaft eine Arbeitsform vorgestellt werden, die sich durch *echte Zusammenarbeit* auszeichnet. Diese Zusammenarbeit im multiprofessionellen Team wird bestimmt durch *Gleichwertigkeit,* auch wenn die Verantwortlichkeiten und Zuständigkeiten unterschiedlich sind. Sicher kann es wie in allen Bereichen, wo Menschen zusammenkommen, Probleme, Krisen und Konflikte geben. Hospize haben hier die Aufgabe, Möglichkeiten der Begleitung, Supervision oder Teamentwicklung zur Verfügung zu stellen.

Gerade weil in der Begleitung sterbender Menschen oftmals auch Belastung, Sorge, Angst oder Trauer spürbar werden, müssen Hospize ebenso gut für ihre Mitarbeiter sorgen wie für die Menschen, die sie im Sterben begleiten. Hospizarbeit beginnt also immer schon bei ihren Trägern – das macht u. a. ihre Glaubwürdigkeit aus.

Für Hauptamtliche und Ehrenamtliche ist es hilfreich, etwas von den gegenseitigen Erwartungen und Wünschen zu wissen, die mit der Arbeit im Hospiz verbunden sind:

Ehrenamtliche HospizmitarbeiterInnen wünschen sich für ihre Hospiztätigkeit

- die Möglichkeit, selbständig zu arbeiten und sich in ihrem Engagement auch ein Stück selbst zu verwirklichen.
- Sie suchen ein Wirkungsfeld, das Raum für Kreativität lässt; sie möchten sich in und durch ihr Engagement weiterentwickeln und neue Fähigkeiten entdecken.

- Ehrenamtliche wollen die Anerkennung und Wertschätzung als vollwertige Teammitglieder,
- eine sichere und klar umrissene Aufgabe und Stellung im Hospiz und
- sie wollen wahrgenommen werden mit ihren Bedürfnissen, Möglichkeiten und Grenzen.
- Sie wünschen sich Bildungsangebote, die ihr Wissen und ihre Fähigkeiten erweitern.

Konkret bedeutet dies:

- Ehrenamtliche haben das Recht auf eine gute Vorbereitung auf den Einsatz und auf fachliche Begleitung im Einsatz.
- Sie dürfen damit rechnen, dass sie von den hauptamtlichen MitarbeiterInnen (bzw. Einsatzkräften, wie z. B. Koordinatorin, Pflegedienstleiterin) in angemessenem Umfang über alles Notwendige informiert und in Entscheidungsprozesse eingebunden werden.
- Es muss für die ehrenamtlich Tätigen stets möglich sein, Grenzen zu setzen und sich vor Überforderung zu schützen.
- Ehrenamtlichen muss zu jeder Zeit die Möglichkeit gegeben werden, schwere oder schwierige Situationen mit einer dafür vorgesehenen Person zu besprechen, einen Platz für eigene Ängste und Sorgen zu haben.
- Hospizeinrichtungen tun gut daran, hauptamtliche Kontaktpersonen oder Koordinatorinnen für diese Aufgabe zur Verfügung zu stellen.
- Es ist die Aufgabe des Hospizes, für eine gute Arbeitsatmosphäre zu sorgen und in den Arbeitsabläufen Symbole der Anerkennung und eine Kultur der Wertschätzung zu verankern. Wir haben in Neuwied beispielsweise ein Jahresfest für alle MitarbeiterInnen ins Leben gerufen, das jeweils von einigen Mitgliedern des Teams vorbereitet wird und in dessen Verlauf alle TeilnehmerInnen einen Becher mit dem Symbol des Hospizes und dem Symbol des Festes mit Jahreszahl erhalten. Mit der Zeit ergibt sich eine kleine Sammlung, die die Verbundenheit des Trägers mit den MitarbeiterInnen und umgekehrt darstellt.

Für *hauptamtliche MitarbeiterInnen,* die oftmals später in eine schon länger existierende Gruppe von ehrenamtlich engagierten MitarbeiterInnen kommen, ist es wichtig,

- mit der Geschichte und der speziellen Form des Hospizes und den darin arbeitenden Menschen vertraut gemacht zu werden;
- in ihrer Hauptamtlichkeit und mit ihrem Berufsauftrag akzeptiert zu sein;
- Klarheit über ihre Rolle im Hospiz und die Einsatzmöglichkeiten ihrer Kompetenzen zu bekommen. Hauptamtliche Kräfte müssen beispielsweise die gemeinsame Arbeit auch nach außen vertreten und verantworten. Sie müssen sicher sein, dass die ehrenamtlichen Mitarbeiterinnen sie über alles Wichtige informieren, ihre Dokumentationen anfertigen und abgeben und in Absprache mit ihnen handeln.
- Schließlich ist es wichtig, die eigenen Grenzen zu achten und deren Einhaltung auch einfordern zu dürfen – wie dies auch für die Ehrenamtlichen gilt. Gerade Hauptamtliche sehen sich immer wieder mit der oft unausgesprochenen Erwartung konfrontiert, über ihren bezahlten Dienst hinaus das eine oder andere doch noch ehrenamtlich zu leisten. Hauptamtliche bringen jedoch ihren *Beruf* in die Hospizarbeit ein. Sie haben ein Recht auf Freizeit und Hobbys jenseits des Hospizes.*Beide Gruppen* brauchen Raum und Zeit für die Verarbeitung von Trauer und Belastung, die durch die Arbeit hervorgerufen werden. Für ihr Miteinander bedarf es eines Rahmens des fachlichen Austausches miteinander und eines Ortes, wo sie Probleme oder Konflikte, die sie miteinander haben, bearbeiten können. Da auch eine gesellige Veranstaltung das Miteinander bereichern kann, sollten auch dafür Freiräume geschaffen werden; ob das dann für die Hauptamtlichen Freizeit oder Arbeitszeit ist, sollte vorher gut geklärt sein.

Wenn ein respektvolles, anerkennendes, menschlich warmes, sich gegenseitig forderndes und förderndes Miteinander gelingt, wird die Arbeit, die sie gemeinsam für Sterbende und Trauernde leisten, das eigene Leben sehr bereichern und beschenken und es wird – wie im Gedicht von Reiner Kunze – »das Meer in der Erinnerung blau sein«.

Rudern zwei
ein boot,
der eine
kundig der sterne,
der andre
kundig der stürme,
wird der eine
führn durch die sterne
wird der andre
führn durch die stürme,
und am ende ganz am ende
wird das meer in der erinnerung
blau sein

*Reiner Kunze**

Schritte in der Begleitung

Anfragen

Anfragen nach Hospizbegleitungen kommen von

- Sozialstationen/Beratungs- und Koordinierungsstellen
- Pflegeüberleitungen und Sozialdiensten der Krankenhäuser,
- Palliativstationen,
- Pflegediensten,
- Ärzten und Ärztinnen,
- Betroffenen selbst,
- Freunden, Verwandten oder
- Heimen.

Sie richten sich an das »Hospizbüro«, an die dort tätige hauptamtliche Einsatzkraft. Der erste Schritt ist dann von dort aus der Hausbesuch, den die hauptamtliche Einsatzkraft vor Ort macht. Sie bewertet die familiäre, soziale, psychische und physische Situation und filtert heraus, wer welche Hilfe braucht. Ihre Aufgabe ist es daraufhin, diese Hilfe weiter zu koordinieren, Kontakte herzustellen und die Wirksamkeit der Maßnahmen im Auge zu behalten. Je nach Fachlichkeit übernehmen die KoordinatorInnen selbst auch

---

* Reiner Kunze, aus: ders., Gespräch mit der Amsel © S. Fischer Verlag GmbH, Frankfurt am Main, 1984.

Schmerz- und Symptomkontrolle und sprechen Maßnahmen mit Pflegediensten und Ärzten, Beratungsstellen usw. ab.

Suche nach der geeigneten ehrenamtlichen Begleitung
Wenn eine ehrenamtliche Hospizbegleitung sinnvoll erscheint und gewünscht wird, begibt sich die Einsatzkraft auf die Suche nach einer geeigneten Person aus dem Mitarbeiterkreis. Bei der Auswahl spielen verschiedene Kriterien eine Rolle:

- Wer steht im Augenblick frei und hat zwischen der letzten Begleitung und dieser neuen Anfrage genug Pause gehabt?
- Ist ein Mann oder eine Frau erwünscht?
- Welches Alter, welcher Beruf, welches Hobby können die Beziehung leichter in Gang kommen lassen?
- Ist der Einsatzort für den Begleiter/die Begleiterin gut erreichbar?
- Wie viel Zeit muss die BegleiterIn einbringen können und in welchen Zeiten (2 x wöchentlich, einmal, tagsüber oder nachts) ist ihr Einsatz gefordert bzw. erwünscht?
- Was soll die BegleiterIn dort tun, und wer eignet sich dafür, in dieser bestimmten Familie, in dieser konkreten Situation, mit diesen bestimmten Menschen?

Letztlich entscheidet immer auch das Gefühl mit, wer zu wem passen könnte und wer angesprochen wird.

Der nächste Schritt besteht in dem Gespräch, das der/die EinsatzleiterIn mit dem/der ausgewählten ehrenamtlichen BegleiterIn führt. Hier wird geklärt, ob die oder der Ehrenamtliche die Begleitung beginnen will, ob die Informationen ausreichen oder ob die Entscheidung vom ersten Besuch abhängt, den haupt- und ehrenamtliche MitarbeiterInnen gemeinsam machen.

Wird die Begleitung aufgenommen, so sprechen BegleiterIn und Patient miteinander Zeit, Ablauf etc. ab und machen erste gemeinsame Erfahrungen. Sind beide Partner zufrieden miteinander, läuft die Begleitung in großer Selbstverantwortlichkeit der Beteiligten. Die hauptamtliche MitarbeiterIn nimmt weiter ihre fachspezifischen Aufgaben wahr (Symptomkontrolle, Schmerzversorgung), hört in regelmäßigen Abständen bei beiden »Parteien« nach, wie es ihnen geht, was gut läuft, was fehlt, wo es

Schwierigkeiten gibt, um gegebenenfalls unterstützend eingreifen zu können.

Hauptamtliche und ehrenamtliche MitarbeiterInnen haben unterschiedliche Rollen und verschiedene Zugänge und Distanzen in der Begleitungssituation. Das ist oft sehr hilfreich, weil Situationen sich dadurch aus mehreren Blickwinkeln betrachten lassen. Damit das gelingt, ist gegenseitiger und regelmäßiger Austausch nötig.

Dokumentation und Supervision

Verpflichtend erwartet wird von den ehrenamtlichen BegleiterInnen, dass sie in Kurzform auf vorbereiteten Formularen ihre Einsätze dokumentieren *(vgl. Anhang)*. Das beinhaltet Zeitumfang, Datum, Wegstrecken und kurzer inhaltlicher Abriss der Begegnung.

Diese Dokumentation ist unerlässlich, denn sie fängt den Prozess insgesamt ein, ist Grundlage für Austausch und Supervision und auch Bedingung für die Gewährung von Finanzmitteln durch die Kostenträger.

Parallel zu ihrem Einsatz sind die ehrenamtlichen BegleiterInnen dann auch gehalten (bei uns, wie in vielen anderen Hospizdiensten, verpflichtend), an einer Supervisionsgruppe mit anderen BegleiterInnen teilzunehmen, in der besondere Situationen, Fragen und Probleme bearbeitet werden können, die die Begleitungen aufwerfen. In der Regel finden sie einmal monatlich statt.

Ende der Begleitung

Eine Begleitung endet in der Regel mit dem Tod der begleiteten Person. Die Teilnahme an der Beisetzung ist oft ein hilfreiches Ritual, die Begleitung innerlich wie äußerlich abzuschließen und auch selbst zu trauern.

Ein abschließendes Gespräch zwischen den ehrenamtlichen und hauptamtlichen MitarbeiterInnen, unter Umständen auch mit anderen beteiligten Personen, unterstützt den Prozess des Beendens.

Ehrenamtlichen Begleiterinnen steht dann eine Pause zu, in der sie Abstand gewinnen und Kraft für neue Aufgaben schöpfen können.

Wird die Begleitung als Trauerbegleitung weitergeführt, weil Angehörige darum bitten und die ehrenamtlich Begleitende das will, so ist es gut, darauf zu achten, dass aus dem »friendly visitor« (dem freundlichen Gast) nicht selbstverständlich eine Freundin/ein Freund wird. – Damit wären Ehrenamtliche auf die Dauer überfordert und schnell wären solche Beziehungsveränderungen auch ein Ausnutzen der abhängigen Situation der Begleiteten. Die Veränderung der Beziehung (von der Sterbebegleitung zur Trauerbegleitung und von der Begleitung zur Freundschaft) sollte immer gut reflektiert werden.

Susanne Myller

Aufbruch zu ehrenamtlicher Tätigkeit

Susanne Myller erzählt im Folgenden von ihren ersten Schritten zum ehrenamtlichen Engagement als Hospizhelferin. Wie von Catrina E. Schneider ausgeführt ist es gut und unumgänglich, die verschiedenen Fragen und Motivationen vor dem Eintritt in eine Hospizgruppe im Gespräch mit der Koordinatorin oder spätestens in der Vorbereitung auf die ehrenamtliche Tätigkeit anzuschauen und zu prüfen, wo sie dem Engagement oder der persönlichen Entwicklung dienlich oder hinderlich sind.

Frühmorgens las ich einen Bericht in der Zeitung über die Gründung einer Hospizgruppe. Mein »stilles« Thema seit so vielen Jahren. Diesmal würde ich den Schritt wagen – obwohl ich sehr unsicher war. Noch am selben Vormittag telefonierte ich und verabredete mich zu einem ersten Gespräch. Ich habe mich lange nicht mehr so gut gefühlt, und vor allem war ich mir schon lange einer Sache nicht mehr so sicher – so sonnenklar war mir, dass die Hospizarbeit meine Bestimmung ist, ein Ziel, auf das ich zugehen würde, das ich erreichen würde, weil – ja weil ...?

Sicher würden mir einige Gründe einfallen, aber so richtig erklären kann ich diesen intensiven Wunsch, ja Drang, Hospizarbeit zu machen, eigentlich nicht. Es kommt von ganz, ganz tief innen irgendwie. Eindeutig. Und doch, ganz leise, die Frage: Kann ich es überhaupt schaffen? Werde ich je in der Lage sein, einen sterbenden Menschen zu begleiten? Seine Ängste teilen und sie mit ihm aushalten?

Aber auch: Ja, ich kann's!? Sicher, es wird schwer sein und mühsam, ich werde lernen müssen, Erfahrungen und Fehler machen, aber es wird gehen, ich werde es schaffen. Es ist mein innigster Wunsch! Trotz dieser prinzipiellen Klarheit, dieser wunderbaren, erfüllenden Gefühle, sind doch scheußlich viele Zweifel, Ängste und vor allem auch rein »technische« Probleme da, die ich erst einmal bewältigen muss.

Ein kitschiges Bild tritt mir vor Augen: ein Weg, der ziemlich zugewuchert ist und voller Geröll liegt, das es wegzuräumen gilt, doch schaue ich darüber hinweg, erkenne ich einen schönen, in

sanften Windungen verlaufenden Weg in einer malerischen Landschaft ...
Bis dahin ist es noch sehr weit. Ich weiß wohl, dass ein Großteil meiner Ängste mehr mit diesem »Aufräumen« zu tun hat als mit dem, was danach kommt, was ich als Begleiterin verwirklichen möchte. Vielleicht ist dies auch unterbewusst einer der Gründe, warum ich mich gerade diesem Dienst am Menschen zuwenden will. Weil ich vielleicht ziemlich genau weiß, dass ich, wenn ich diese Aufgabe zufrieden stellend bewältigen will, mit mir im Reinen sein, mein Leben anders einrichten muss. Diese Voraussetzungen zu schaffen, das ist sehr schwer. Doch ich habe Zeit, und der erste Schritt ist getan.

Ich habe ganz, ganz viel Hoffnung, und trotz aller Fragen ist eine grundsätzliche Freude oder was auch immer in mir, die gut tut. Obwohl es auch immer wieder Tage gibt, da suche ich vergeblich nach diesen Gefühlen der Freude und Zuversicht. Dann bin ich wieder voller Zweifel, dann finde ich, dass ich mir etwas sehr Schwieriges vorgenommen habe. In diesen Zeiten scheine ich nicht mehr zu wissen, warum es ausgerechnet die Hospizarbeit sein muss

Was verbirgt sich dahinter? Will ich mich von mir selbst ablenken? Brauche ich diese Art von Abhängigkeit der Menschen, weil sie mir eine gewisse Stärke verleiht, die ich sonst vielleicht gar nicht hätte? Ist es das Bedürfnis, gebraucht zu werden? Sind es meine Verlustängste, die ich bezwingen will, möchte ich lernen, loszulassen, ohne mich stückchenweise mitzuschicken? Tausend Gedanken – und ich möchte mich fast weigern, darüber nachzudenken, denn einige passen nun überhaupt nicht in das (heile) Bild meiner Motivationen.

Was auch bleibt, sind Ängste, die mich, selten zwar, aber heftig überfallen können – ganz banale, normale Ängste vor dem Tod und dem Sterben, vor meiner eigenen Endlichkeit. Da kommt auch schon mal der Gedanke, alles hinzuschmeißen und einfach davonzulaufen. Doch glücklicherweise halten sich diese »Anfälle« in Grenzen und gehen immer wieder vorbei, ohne eine echte Gefahr darzustellen, ohne wirklichen Schaden anzurichten. Außerdem verfüge ich über ein gesundes Gottvertrauen und bin umgeben von Menschen, mit denen ich darüber sprechen kann, die mich verstehen, die für mich da sind.

Viel häufiger sind dann doch die Momente, in denen ich Glück und eine ehrliche, tiefe Dankbarkeit empfinde, für das, was mir im Moment widerfährt, für die Menschen, die ich kennen gelernt habe, für die Freude: auf das, was noch kommt, über das, was ich schon erreicht habe.

Dankbar bin ich auch für das einzigartige Gefühl, eine Ahnung davon zu bekommen, was es heißt, berufen zu sein und im Rahmen der mir gegebenen Fähigkeiten und Möglichkeiten sinnerfüllt wirken zu können – auf welcher Ebene und in welchem Umfang auch immer. Ich werde diesen Weg gehen.

Zur Autorin:
Susanne Myller; geboren 1958; ist ehrenamtliche Mitarbeiterin einer Hospizgruppe.

Christoph Drolshagen

»Kostbarster Unterricht an den Sterbebetten«

Vorbereitung Ehrenamtlicher auf ihren Einsatz in der Begleitung Sterbender

Unterricht

Jeder der geht
belehrt uns ein wenig
über uns selber.
Kostbarster Unterricht
an den Sterbebetten.
Alle Spiegel so klar
wie ein See nach großem Regen,
ehe der dunstige Tag
die Bilder wieder verwischt.

Nur einmal sterben sie für uns,
nie wieder.
Was wüßten wir je
ohne sie?
Ohne die sicheren Waagen,
auf die wir gelegt sind,
wenn wir verlassen werden.
Diese Waagen, ohne die nichts
sein Gewicht hat.

Wir, deren Worte sich verfehlen,
wir vergessen es.
Und sie?
Sie können ihre Lehre
nicht wiederholen.

Dein Tod und meiner
der nächste Unterricht:
so hell, so deutlich,
daß es gleich dunkel wird.

Hilde Domin *

* Hilde Domin, aus: dies., Gesammelte Gedichte. © S. Fischer Verlag GmbH, Frankfurt am Main, 1987.

Wozu Vorbereitung und Begleitung der Begleitenden?

Der kostbarste Unterricht, den Menschen wahrnehmen können, ist der am Bett eines Sterbenden – so die Dichterin. Ist damit nicht alles gesagt zur Vorbereitung, Bildung und Begleitung Ehrenamtlicher für ihren Einsatz?

Hilde Domin skizziert für unser Thema ein Paradox: Menschen, die zu einem Hospiz kommen, um Sterbende auf ihrem Weg zu begleiten, sind motiviert, den Sterbenden beizustehen, sie zu begleiten, Hilfe anzubieten, wo es nur geht. Im Gedicht werden jedoch Sterbende als die eigentlichen Helfer beschrieben: Die, die gehen, belehren uns über uns selber, geben den Erfahrungen unseres Lebens mit ihren »Waagen« am Übergang erst das wirkliche Gewicht, ja, sie sterben »für uns«. Und unsere vermeintlich helfenden, gut gemeinten Worte »verfehlen sich«.

Genau diese Erfahrungen äußern ehrenamtliche Hospizmitarbeiterinnen und -mitarbeiter immer wieder in Reflexionen: Sie haben manchmal das Gefühl, für sich selber viel mehr aus einer Sterbebegleitung mitzunehmen, als sie meinen geben zu können. Das ist für sie beglückend und beschämend zugleich: haben sie ihren Dienst doch angetreten, um zu helfen, Beistand beim Sterben zu leisten.

Das Gedicht von Hilde Domin macht auf mehrfache Weise deutlich, wie wichtig eine Vorbereitung auf diesen Dienst und eine Begleitung der Begleitenden ist.

- *»Unterricht«* – Künftige Begleitende müssen empfangsbereit werden für den *»Unterricht«* der Sterbenden, aber auch für deren Bedürfnisse und Not. Das ist nicht leicht. Jeder ist zunächst voll von Ideen, wie er Sterbenden helfen kann, oder vielleicht voll von eigenen Erlebnissen und Trauererfahrungen. Die Gefahr ist groß, Eigenes auf die Situation des Sterbenden zu übertragen und ihn auf diese Weise ganz zu überhören.
- *»Wir, deren Worte sich verfehlen«* – Begleitende stellen sich darauf ein, dass die ganz alltäglichen Helfergewohnheiten wie guter Rat, tröstende Worte oder alle möglichen Aktivitäten *»sich verfehlen«* können bei einem Menschen, der auf den Tod zugeht. In der Vorbereitung erarbeiten sie sich hilfreiche Grundhaltungen, die den Sterbenden und seine Bedürfnisse sowie seine Angehörigen und Freunde in den Mittelpunkt stellen.

- *»Dein Tod und meiner ...«* – Ein sterbender Mensch verweist Begleitende unweigerlich auf deren eigenen Tod und Sterblichkeit. Darauf müssen Begleitende sich vorbereiten und innerlich einstellen. Sie müssen sich mit ihrer eigenen Angst oder Traurigkeit auseinander gesetzt haben. Sonst halten sie es nicht aus zu bleiben.
- *»... sterben sie für uns«* – Es ist legitim, dass Helfende aus der Begleitung Sterbender selber einen Gewinn ziehen. Das müssen sie sich jedoch im Vorfeld und immer wieder bewusst machen und mit ihrer Helfermotivaton abgleichen, um nicht unbemerkt und insgeheim die Notsituation Sterbender für sich zu missbrauchen.

Vorbereitung, keine Ausbildung

Hospizgruppen und auch die Gruppen der Vorbereitungskurse sind farbig und lebendig durch ganz unterschiedliche Menschen, die mit reichen Vorerfahrungen und -prägungen aus ihrer beruflichen und familiären Biographie zusammenkommen. Viele haben bereits eine Sterbebegleitung in der eigenen Familie mit ganz unterschiedlichen Erfahrungen hinter sich. Die Vorbereitungsseminare setzen nicht beim Nullpunkt an, sondern greifen in der Regel das auf, was die Teilnehmenden mitbringen, um es für die Sterbebegleitung fruchtbar zu machen.

Die Vorbereitung Ehrenamtlicher für ihren Dienst zielt auf freiwillige Arbeit, die Menschen im Namen eines Hospizes in ihrer Freizeit leisten. Ziel ist nicht ein neuer oder zweiter Beruf. Im Gegenteil: Die Fähigkeit, Sterbende zu begleiten, hat grundsätzlich jeder Mensch. Und jeder sollte im Bedarfsfall spontan den Mut haben, diese Fähigkeit zu nutzen. Dazu muss nicht ein Hospiz und dessen Bildungssystem vorgeschaltet werden.*

Wer jedoch im Namen eines Hospizes dort, wo Nahestehende nicht im ausreichenden Maß mit ihrer natürlichen Fähigkeit zur Verfügung stehen, Hilfe leistet, soll die Gelegenheit erhalten, sich darauf gut vorzubereiten.

Entsprechend spricht man nicht von einer Ausbildung oder Qualifikation mit Examen und Zeugnis am Ende, sondern von einer

---

* Vgl. hierzu Johann-Christoph Student, Fünf Thesen zur Fortbildung von Sterbebegleiterinnen, infokara 2/1998.

»Vorbereitung«, die mit dem ersten Jahr des Einsatzes endet und in die Begleitung mündet. Der Abschluss der Vorbereitung besagt nicht, dass »man es jetzt kann«. Es sind lediglich die Grundlagen gelegt für eine aufmerksame und reflektierte Begegnung zwischen (einander vorher fremden) Menschen im Angesicht des Todes. Diese Begegnung bedarf der weiteren Begleitung auch nach Abschluss der Vorbereitung. Auch soll die Vorbereitung keine uniformierte Begleitungsarbeit »produzieren«, sondern eher dazu ermutigen, dass jeder Helfer seine persönlichen Begabungen zum Zuge kommen lässt, solange sie mit den Zielsetzungen des jeweiligen Hospizes und den Bedürfnissen der Sterbenden und ihrer Angehörigen vereinbar sind.

Inhalte der Vorbereitung – verschiedene Modelle

Wie es in Deutschland ganz unterschiedliche Formen von Hospizarbeit gibt, existiert auch eine Vielzahl von Modellen für Vorbereitungsseminare. Sie unterscheiden sich im zeitlichen Umfang – von 50 bis 140 Stunden –, in der Referenten- und Gruppenstruktur. Inhaltlich werden viele Themen übereinstimmend an allen Orten bearbeitet. Hier einige wichtige solcher Themen:

- Einen großen und zentralen Raum nimmt *die persönliche Auseinandersetzung mit dem Gedanken an den eigenen Tod und mit den sich daraus ergebenden Sinnfragen* ein. Ziel ist es, damit bei eventuellen späteren Begleitungen ein hohes Maß an Aufrichtigkeit in der Begegnung mit dem Sterbenskranken zu ermöglichen. Die Helfer können sich persönlich am Sterbebett eines anderen Menschen nicht heraushalten. Immer werden sie von dem Sterbenden, den sie begleiten, innerlich berührt. Dabei begegnen sie unwillkürlich der eigenen Angst vor dem Tod. Daher ist es unbedingt notwendig, sich über das eigene Verhältnis zu Krankheit und Tod bewusst zu werden, sich in Erinnerung zu rufen, was Verluste und Krankheiten an Spuren im eigenen Leben hinterlassen haben – belastende wie bereichernde Erinnerungen. Die Vorbereitung soll dazu verhelfen, die Angst vor dem Tod bewusst wahrzunehmen, sie wiederzuerkennen und auf diese Weise eine neue Form des Umgangs mit ihr zu entwickeln.
- Die *Wahrnehmung von inneren Vorgängen und Gefühlen,* mit denen die Teilnehmenden selber auf Themen und Situationen reagie-

ren, wird auf diese Weise geschärft. Damit werden die künftigen Begleitenden zugleich für die Befindlichkeit und die Gefühle des Gegenübers sensibilisiert.

- Die Seminare dienen dazu, durch das *soziale Lernen in der Gruppe* zu ermutigen, sich auf die Begegnung mit anderen Menschen einzulassen: mit den Schwerkranken und den ihnen Nahestehenden, mit anderen Mitgliedern der Hospizgruppe und mit Mitarbeiterinnen und Mitarbeitern beteiligter sozialer Dienste.
- Sie geben Hilfestellung, die *eigenen Beweggründe für eine Mitarbeit im Hospiz* zu klären (siehe weiter unten: »Motivation«).
- Wenn diese Grundlagen gelegt sind, gilt es, *konkrete Schritte der Begleitung kennen zu lernen und einzuüben* wie etwa Möglichkeiten der verbalen und bei Schwerkranken oft ebenso wichtigen nonverbalen Kommunikation und der Gesprächsführung. Hierbei geht es weniger darum, Techniken zu erlernen, als sich eine zugewandte Haltung zu Eigen zu machen, die dem Kranken möglichst viel Raum lässt.
- Wenn Ehrenamtliche Sterbende begleiten, begegnen sie auch deren Angehörigen und Freunden. In den Seminaren wird thematisiert, wie sie als Außenstehende ihren Platz im Beziehungssystem eines Kranken finden können, was die Bedürfnisse der Nahestehenden sein können und wie eine *Begleitung der Trauernden* nach dem Tod des Kranken aussehen kann.
- Weitere Themen sind *medizinische, pflegerische und psychosoziale Grundkenntnisse* über die Befindlichkeit und Situation schwer kranker und sterbender Menschen, auch Fragen der Pflegeversicherung und Patientenrechte, hier insbesondere der Patientenverfügung.
- Schließlich gilt es, mit Grundideen der Hospizbewegung und mit der Arbeit der jeweiligen Hospizgruppe oder -einrichtung vertraut zu machen.

Lesetipps:

Empfehlungen für Vorbereitungskurse von Hospizhelfern der Arbeitsgemeinschaft zur Förderung der Hospizbewegung in der Bundesrepublik Deutschland beim Bundesministerium für Arbeit und Sozialordnung von 1995.

Konzept zur Vorbereitung ehrenamtlicher Hospizmitarbeiter/-innen im Franziskus-Hospiz Hochdahl, Manuskript von 2001, von einer Projektgruppe

aktualisiert; verantwortlich für die Durchführung: Verena Penschinski; Informationen: Franziskus-Hospiz Hochdahl, Trills 27, 40699 Erkrath.
»Celler Konzept«, Andreas Ebert und Peter Godzik (Hg.), Verlass mich nicht, wenn ich schwach werde, Handbuch der Begleitung Schwerkranker und Sterbender, Hamburg 1993. Informationen: Gemeindekolleg Celle der VELKD, Berlinstr. 4-6, 29223 Celle

Das Hochdahler Konzept

Als Beispiel stelle ich das gegenwärtige Konzept des Franziskus-Hospizes Hochdahl vor, das in der Pionierzeit der Hospizarbeit 1992 – 94 von Christoph Bremekamp und Ralf Jachmann erarbeitet wurde und sich als Modellvorlage schnell in ganz Deutschland verbreitet hat. Ich stelle die im Jahr 2001 aktualisierte Fassung vor: Die Vorbereitung Ehrenamtlicher wird in ein Grund- und Aufbauseminar unterteilt. Das Grundseminar gibt dem Entdecken, Reflektieren und Verarbeiten von eigenen Lebenserfahrungen der Teilnehmenden Raum. Das Aufbauseminar nimmt dagegen die Lebenssituation Sterbender und ihm oder ihr Nahestehender sowie Aspekte ganzheitlicher Begleitung näher in den Blick.

Grundseminar: »Leben – Krankheit – Sterben – Tod«

1. Abend: Begegnung: Kennenlernen
   Vorstellrunde, Austausch von Vorerfahrungen, Erwartungen an den Kurs
2. Tag: Lebens-Wege: Anstöße zur Reflexion des eigenen Lebensweges
   Rückblick auf verschiedene Stationen des eigenen Lebens, auf Verlust- und Trauererlebnisse; Blick auf die Spuren, die Verluste im Leben hinterlassen haben: schmerzliche Erinnerungen und Wunden, aber auch eigenes inneres Wachstum und Reifen
3. Abend: Kranksein: Auseinandersetzung mit eigenen Krankheits- und Grenzerfahrungen
   Bisherige Berührungen mit Krankheit und kranken Menschen; unterschiedliche Bewertung von Krankheit im Leben einzelner Menschen, Folgen von Krankheit
4. Tag: Sterben – Tod – Trauer: Verlusterfahrungen in meinem Leben – Begegnung mit dem Tod
   Vertiefung der »Lebenswege«: Blick auf persönliche Berührungen mit dem Tod; Erfahrungen und Beobachtungen beim Sterben anderer; Prozesshaftigkeit von Sterben und Trauer
5. Abend: Hoffnung: Leben nach dem Tod?
   Die eigene Antwort auf die Frage nach dem Sinn von Leben und Sterben; religiöse Deutungsangebote; Symbole, die als hilfreich erfahren werden

6. Abend: Begleitung und Hilfe: Geben und Nehmen
   Frage nach der Helferrolle, nach der Fähigkeit, zu helfen und sich helfen zu lassen
7. Abend: Hospiz: Raum fürs Sterben
   Einführung in die Hospizidee, deren Geschichte, deren Grundprinzipien und in die Hospizarbeit vor Ort
8. Abend: Ausklang: Rückschau und Ausblick

Aufbauseminar: »Begleitung von schwer kranken und sterbenden Menschen«

1. Abend: Sterbende Menschen ehrenamtlich begleiten: Fragen nach der Motivation
   Was bewegt die Teilnehmenden, Sterbenden zu helfen? Fremd- und eigennützige Motivation (s. u.)
2. Abend: Schritte der Begleitung
   Begleitung als eine lebendige und sich wandelnde Beziehung
3. Tag: Ganzheitliche Begleitung von sterbenden Menschen
   Teil I: Körperliche und psychische Aspekte
   Medizinische und pflegerische Aspekte der Sterbebegleitung; Möglichkeiten, auf seelische Krisen der Sterbenden und ihrer Angehörigen einzugehen. Gesprächsführung
4. Abend: Krankengeschichten
   Beispiel einer an Krebs erkrankten Frau
5. Tag: Ganzheitliche Begleitung von sterbenden Menschen
   Teil II: Soziale und spirituelle Aspekte
   Folgen der Erkrankung für die Familie und den Freundeskeis; Rolle der Helfenden im sozialen Netzwerk von Kranken
   Religiöse Bedürfnisse Sterbender; spirituelle Begleitung und Gespräche über Angst, Hoffnung und Glauben, Gebete, Symbole oder Rituale, die beim Sterben helfen können
6. Abend: Der Weg vom Sterbebett zur Bestattung
   Möglichkeiten des Abschiednehmens, der Aufbahrung, der Gestaltung von Bestattungen
7. Abend: Begleitung eines trauernden Menschen
   Trauer als Prozess, der unterschiedliche Bedürfnisse auslöst; Möglichkeiten der Trauerbegleitung vom Hospiz aus.
8. Abend: Die Rolle des Begleiters: Aspekte der Helferpersönlichkeit
   Der Begleiter und der Kranke; Kraftquellen und Schutz vor dem »Ausbrennen«
9. Abend: Möglichkeiten der ehrenamtlichen Mitarbeit im Franziskus-Hospiz
   Vorstellung der verschiedenen Einsatzmöglichkeiten
10. Abend: Ausklang: Rückschau und Ausblick

Die methodische Ausgestaltung der Abende und Arbeitstage ist von der jeweiligen Kursleitung abhängig. Hier einige Beispiele:

- Zum Thema »Lebenswege« zeichnen die TeilnehmerInnen eine Lebensspirale, in die sie wichtige Stationen ihres Lebens eintragen, darunter auch zentrale Verlust- und Trauererlebnisse. Anschließend schauen sie in einer Kleingruppe, welche Spuren die Verlusterlebnisse in ihrem Leben hinterlassen haben, an welchen Stellen sich die Trauer wieder bemerkbar macht und welche neuen Kräfte aus dieser Erfahrung erwachsen sind.
- »Hoffnung: Leben nach dem Tod«: Die TeilnehmerInnen tauschen sich über ihre Jenseitsvorstellungen und Hoffnungen aus, stellen Unterschiede fest, lernen dabei, andere Auffassungen und Vorstellungen gelten zu lassen; sie suchen nach Ausdrucksformen und Symbolen für ihre Hoffnung.
- »Ganzheitliche Begleitung – körperliche Aspekte«: Eine Hospizschwester mit Zusatzausbildung »Palliativpflege« erläutert in einem Referat die Auswirkungen von Schmerz bei TumorpatientInnen und Möglichkeiten der Symptomkontrolle und Schmerztherapie im Hospiz.
- »Ganzheitliche Begleitung – psychische Aspekte«: Die Teilnehmer Innen überlegen und üben anhand kleiner Gesprächsbeispiele, wie sie auf verbale oder nonverbale Äußerungen von Sterbenden gut und angemessen reagieren können. Sie geben sich gegenseitig Rückmeldungen dazu.
- »Der Weg vom Sterbebett zur Bestattung«: Die Kursleitung lädt einen Bestatter aus der Umgebung ein, der mit der Kursgruppe Möglichkeiten diskutiert, den Angehörigen einen würdigen und hilfreichen Abschied von ihrem Verstorbenen zu ermöglichen.

Das »Celler Konzept«

Ein zweites weit verbreitetes Modell ist das als Celler Konzept bekannte Gemeindeprojekt der Vereinigten evangelisch-lutherischen Kirche Deutschlands. Dessen Schritte orientieren sich an der Emmaus-Geschichte aus dem Lukasevangelium und an der Geschichte von der Heilung des Gelähmten im Markusevangelium. Dieses Konzept bezieht sich damit ausdrücklicher auf eine christliche Spiritualität der Sterbebegleitung.

Die Schritte des Grundkurses (nach der Emmaus-Geschichte)

- Wahrnehmen – »sich gegenseitig kennen lernen; Erfahrungen austauschen; Grundmuster der Wahrnehmung erkennen; wahrnehmen, wann ein Mensch ein Sterbender ist.«

- Mitgehen – »spüren, wie wohl tuend Begleitung sein kann; die vor uns liegende Wegstrecke betrachten; den Weg des Sterbenden verstehen; ihn begleiten auf seinem Weg.«
- Zuhören – »aufeinander hören können; die Bedürfnisse Sterbender beachten; aktives Zuhören lernen«
- Verstehen – »sich gegenseitig besser verstehen; verstehen können, was einer nicht sagt; die ›Sprache‹ der Sterbenden verstehen; sich einfühlen können«
- Weitergehen – »Wie geht es in der Gruppe weiter? Wie geht es in der Sterbebegleitung weiter? Krisen wahrnehmen; eigene Kräfte realistisch einschätzen; etwas für sich selber tun«
- Bleiben – »einander nahe sein können; beim Sterbenden bleiben; pflegen, trösten, beistehen, da sein«
- Loslassen – »voneinander Abschied nehmen und loslassen; Abschiede im Leben und im Sterben wahrnehmen und einüben; Abschied gestalten«
- Aufstehen – »aufstehen können; einen Weg weitergehen; auf Veränderungen achten; hoffen, trauern, verändern«*

Die Schritte des Aufbaukurses
(nach der Geschichte von der Heilung des Gelähmten)

- Gerufen – »gerufen in die Aufgabe, Schwerkranke und Sterbende zu begleiten; Abklären der eigenen Motivation; dreifache Zuständigkeit: ermächtigt zum Leben, erwählt zum Glauben, berufen zum Dienst«
- Gefragt – »gefragt sein als Begleiter: zugesprochene und angefragte Kompetenz; Fragen aushalten nach Wahrheit und Sinn; authentisch antworten können«
- Bedacht – »das eigene Lebensende bedenken; anderen beim Bedenken des eigenen Lebensweges nahe sein; beim Erledigen letzter Dinge behilflich sein«
- Bekannt – »schmerzliche und belastende Erinnerungen ins Gedächtnis rufen; sich einem anderen anvertrauen; Belastendes vor Gott aussprechen; eigene Schuld bekennen können«
- Gelöst – »gelöst sein; von Lasten befreit sein; verzeihen, vergeben, ›Lösung‹ zusprechen«
- Erfüllt – »erfüllt sein von etwas; danken können; anderen helfen, auf das Wesentliche zu achten und dankbar zu sein für ein erfülltes Leben«
- Gesegnet – »gesegnet sein; anderen zum Segen werden; Frucht bringen; das Zeitliche segnen; einen Verstorbenen zum Abschied segnen; um Segen bitten«

---

* Vgl. hierzu: Ebert/Godzik (Hg.), Verlass mich nicht, wenn ich schwach werde (s. Lesetipps S. 97/98), S. 34 f.

- Begabt – »begabt sein: eine Gabe empfangen; bestärkt werden; miteinander feiern; das Abendmahl empfangen; eine Aufgabe erhalten; zuversichtlich ans Werk gehen«*

Jeder der Schritte gliedert sich in drei Phasen:
1. ein Blick in die Gruppe (Befindlichkeit)
2. eine Meditation zum Thema (assoziativer/meditativer Zugang zum Thema)
3. Informationen und Anschauungsmaterial zum Thema (Sachdiskussion)

Im Rahmen dieser Schrittfolgen werden die im Hochdahler Modell benannten Themen hier in anderer Reihenfolge und unterschiedlicher Intensität ebenfalls bearbeitet.

Fast alle Hospizeinrichtungen sehen im Verlauf der Vorbereitung ein *Praktikum oder eine Hospitation* in einem Krankenhaus, Alten- oder Pflegeheim, einem ambulanten Pflegedienst oder einem Hospiz vor. Die Interessenten an ehrenamtlicher Hospizarbeit sollen hier in einem Einsatz von ca. 20 Stunden eigene Erfahrungen in der Begegnung mit schwer kranken Menschen machen und so weitere Kriterien sammeln für die Entscheidung bezüglich der Art ihres Einsatzes in der Hospizarbeit.
Am Ende der Vorbereitungszeit steht meist ein *Einzelgespräch* mit einer Mitarbeiterin des jeweiligen Hospizes, die die Einsätze Ehrenamtlicher koordiniert. Darin geht es noch einmal um die Klärung der Motivation zur Mitarbeit und um die meist in der Vorbereitungszeit genauer festgestellten Möglichkeiten und Grenzen des eigenen ehrenamtlichen Engagements. Dazu gehört ggf. auch die Frage nach der Zustimmung der Familie und den beruflichen Rahmenbedingungen.

Für viele der TeilnehmerInnen solcher Kurse steht am Ende ein reicher Gewinn: Im Verlauf eines Kurses entsteht durch den persönlichen Austausch meist eine gewisse Intimität der Gruppe, in der sie neue Formen von Beziehungen erleben; sie machen die Erfahrung, dass man unterschiedlichen Einstellungen mit Toleranz begegnen kann; sie wachsen in ihrer Persönlichkeit durch das Reflektieren eigener Lebenserfahrungen.

---

* Zitate: ebd. S. 201 f.

Voraussetzungen für die Teilnahme an vorbereitenden Kursen

Viele Hospizinitiativen laden zu den Vorbereitungskursen offen ein, ohne die vorherige Verpflichtung zur späteren ehrenamtlichen Mitarbeit. Insbesondere der Grundkurs ist meist ein solch offenes Angebot, das neben dem Ziel der Vorbereitung zur Tätigkeit im Hospiz der Verbreitung hospizlichen Gedankenguts und einer hospizlichen Grundhaltung dient. Der Aufbaukurs wird in der Regel für diejenigen eingerichtet, die konkreteres Interesse haben an einer begleitenden Tätigkeit im Hospiz oder in anderen Kontexten, so auch in der eigenen Familie.

Es sind keinerlei Vorkenntnisse erforderlich. Wohl gilt es zu bemerken, dass die Kurse nicht eine Aufarbeitung ganz akuter Trauer leisten können. Sie ersetzen keine Trauerseminare oder Trauerbegleitung. Deshalb wird InteressentInnen, die gerade ein gravierendes Verlusterlebnis hinter sich haben, empfohlen, zunächst andere Formen der Trauerverarbeitung zu wählen.

Auch ist eine gewisse psychische Stabilität wichtig, um in die Vorbereitung auf die Hospiztätigkeit einzusteigen. Die Kurse sind keine therapeutischen Gruppen. Wer Sterbebegleitung ehrenamtlich übernehmen will, muss selber deutlich mit beiden Beinen auf der Seite des Lebens stehen. Sonst identifiziert er sich unter Umständen zu sehr mit dem Sterbenden und fällt im übertragenen Sinn gemeinsam mit ihm ins Grab, d. h. er erlebt bei der Sterbebegleitung selber große seelische Krisen, in denen er der Hilfe bedarf, aber nicht mehr helfen kann.

Eine weitere Voraussetzung zur Teilnahme an den Kursen ist die Bereitschaft, sich auf das Gespräch in der Gruppe einzulassen. In den Kursen wird – wie oben an Beispielen gezeigt – nicht nur referiert, sondern ein wichtiges Element ist der persönliche Austausch, das Geben und Nehmen unter den Teilnehmenden. Wer dazu nicht bereit ist, wird sich nicht öffnen und wenig Gewinn aus den Kursen mitnehmen.

Wer sich nicht sicher ist, ob er sich auf den Weg der Vorbereitung machen soll, findet bei den Hospizvereinen oder -einrichtungen gute Ansprechpartnerinnen in den Personen, die die ehrenamtliche Arbeit koordinieren.

Kostenbeiträge für die Kurse werden in unterschiedlicher Höhe eingenommen. In Rheinland-Pfalz haben wir ein Spektrum von

0 – 300,00 DM (ca. 150 Euro) pro Kurs ermittelt. Eine Gebühr ist durchaus angemessen, da die Kurse in der Regel von dafür qualifizierten Personen geleitet werden, die von den Hospizinitiativen ein in der Erwachsenenbildung übliches Honorar erhalten. In vielen Bundesländern gibt es Landesmittel zur Unterstützung der Kursarbeit für Ehrenamtliche.

Kriterien für die Auswahl von Kursleitungen

Für neu entstehende Hospizinitiativen ist es bisweilen nicht einfach, geeignete ReferentInnen für die Kursleitung zur Vorbereitung von Hospizhelfern und Hospizhelferinnen zu gewinnen. Bestehende Hospize haben meist einen festen Stamm von Fachkräften (der Bildungsarbeit), aus denen sich Teams für die Grund- und Aufbaukurse jeweils neu bilden.

Jeder Kurs sollte eine feste Kursleitung haben, nicht nur einzelne Referenten für die jeweiligen Themen. Die Kursleitung begleitet den Gruppenprozess und auch den Weg der Einzelpersonen. Daher ist es wichtig, dass die Kursleitung Kenntnisse und Erfahrungen in der Leitung von Gruppen und Begleitung von Einzelpersonen hat. Sie muss fachlich kompetent sein in den zu bearbeitenden Themenbereichen. Sie muss im Hospizbereich so weit verankert sein, dass sie die Grundprinzipien der Hospizlichkeit kennt und vertritt. Sie sollte sich selber einem Selbsterfahrungsprozess gestellt haben, da sie sonst die Selbsterfahrung der Teilnehmenden nicht verantwortlich begleiten kann.

Häufig werden Personen aus der Erwachsenenbildung für diese Arbeit gewonnen, SeelsorgerInnen, TrauerbegleiterInnen oder auch Pflegekräfte mit der Zusatzqualifikation »Palliative Care«.

Im Idealfall besteht die Kursleitung dauerhaft für wenigstens einen Seminarteil aus zwei Personen; alternativ wird *eine* »feste« Kursleitung unterstützt von wechselnden ReferentInnen (etwa Pflegende, Seelsorger, Bestatterinnen, Kommunikationstrainer), die über bestimmte Schwerpunktthemen informieren. An manchen Hospizstandorten ist eine der hauptamtlichen MitarbeiterInnen, die für die Koordination ehrenamtlicher Arbeit zuständig ist, Mitglied der Kursleitung. Sie lernt auf diese Weise die künftigen Mitarbeiterinnen gut kennen, und letztere werden mit ihr vertraut. Man nimmt allerdings in Kauf, dass sich einzelne Teilnehmer bei der persönlichen Reflexion unter Umständen eher befangen fühlen, wenn die Koordinatorin den Kurs mit leitet.

Fremd- und eigennützige Motivation zur ehrenamtlichen Arbeit

Mehrfach war schon die Rede von der Motivation zur ehrenamtlichen Mitarbeit. Menschen, die sich in der Hospizarbeit engagieren wollen, fragen häufig: Reicht nicht die Tatsache, dass ich mich einsetzen will? Wozu muss das hinterfragt werden?

Tatsächlich ist die grundlegende Bereitschaft zum Engagement entscheidend. Aber es hat sich bewährt, bereits im Vorfeld einige Fragen zu klären, damit es im Einsatz nicht zu Frustrationen und Konflikten kommt.

Es gibt fremdnützige und eigennützige Motivationen. Ein Beispiel für eine fremdnützige Motivation: »Ich will mich für die Hospizarbeit einsetzen, weil Sterben in unserer Gesellschaft tabuisiert wird.« Oder: »Ich will Sterbende begleiten, weil ich gemerkt habe, dass meine Art zuzuhören anderen gut tut.«

Eine eigennützige Motivation wäre: »Ich möchte Hospizmitarbeiterin werden, weil ich etwas wieder gutmachen will, was ich beim Sterben meines Ehemanns versäumt habe.« Oder: »Ich fühle mich nach der Pensionierung unausgelastet. Ich möchte für etwas Sinnvolles gebraucht werden.« Oder: »Ich habe so eine Angst, selber zu sterben; ich möchte auf diese Weise etwas gegen meine Angst tun.«

In der Regel bringt jeder, der in den Vorbereitungsprozess zur Hospizarbeit eintritt, eine Mischung aus fremd- und eigennützigen Motiven mit, die oft gar nicht bewusst sind. Und beides ist legitim, auch eigennützige Motivationen dürfen in der Hospizarbeit ihren Platz haben.

Das klingt zunächst paradox. Ich verweise hier noch einmal auf das Gedicht von Hilde Domin am Anfang dieses Kapitels.

Eine wichtige Hilfe ist es, dass sich der/die Betreffende seine/ihre fremd- und eigennützigen Motivationen bewusst macht. Dazu kann die Kursleitung und Kursgruppe in der Vorbereitung eine wichtige Hilfe sein. Im nächsten Schritt fragt der potentielle ehrenamtliche Mitarbeiter sich: Kann ich meine Motivationen und damit auch meine Wünsche und Erwartungen in der Hospizarbeit umsetzen? Wenn ja, in welcher Form von hospizlichem Engagement – in der Begleitung Sterbender und ihrer Angehörigen? In der Trauerarbeit? In der Öffentlichkeitsarbeit und gesellschaftlichen Bewusstseinsbildung? In der Vereinsarbeit?

Gerade in der direkten Arbeit mit Sterbenden ist es wichtig, sich seiner (legitimen) eigennützigen Motivationen bewusst zu sein, um eigene Bedürfnisse, wenn es darauf ankommt, auch einmal bewusst zurückstellen zu können, weil jetzt der Sterbende selber mit seinen Bedürfnissen im Vordergrund stehen muss. Sonst ist die Gefahr groß, z. B. eigene Idealvorstellungen (etwa von dem »idealen« Sterben) dem anderen überzustülpen und ihn damit letztlich zu missbrauchen.

Das Gesagte gilt auch für religiöse Motivationen. Viele Hospize sind aus Kirchengemeinden hervorgegangen und somit christlich motiviert. Christen sehen hier ein wichtiges Feld, ihrem Glauben an die Liebe Gottes, die stärker ist als der Tod, Ausdruck zu geben. Dennoch dürfen sie nicht erwarten oder gar erzwingen wollen, dass der Sterbende mit derselben Hoffnung stirbt, mit der sie ihm zur Seite stehen.

Die Vereinbarung

Am Abschluss der Vorbereitung bzw. am Beginn der ehrenamtlichen Mitarbeit steht eine meist schriftliche Vereinbarung zwischen MitarbeiterIn und dem Hospizverein/der Hospizeinrichtung. Diese Vereinbarung wird oft auch »Kontrakt« genannt. Hier wird die generelle Bereitschaft des/der Ehrenamtlichen zum Engagement dokumentiert sowie das Betätigungsfeld, für das sie/er zur Verfügung stehen will.

Inhalt ist ferner der Zeitumfang des Einsatzes – meist 2-8 Stunden die Woche, je nach den Möglichkeiten des Betreffenden. Auch geht es um die Bereitschaft zur Teilnahme an der einsatzbegleitenden Supervision (s. u.) und an Fortbildungen. Hier verpflichtet sich auch die Hospizeinrichtung, solche Angebote zur Verfügung zu stellen. Schließlich bestätigt die/der Ehrenamtliche die Schweigepflicht bezüglich aller Informationen über Patienten und deren Familien.

Ergänzend dazu hält hierbei die Koordinatorin des Hospizes mögliche und bevorzugte Einsatzzeiten fest, die Möglichkeit, nachts Sitzwachen zu übernehmen, besondere Begabungen und Talente (etwa im musikalischen oder kreativen Bereich).

An vielen Orten wird diese Vereinbarung in regelmäßigen Abständen (alle 2-4 Jahre) erneuert, um hierbei immer wieder über die Motivation zu sprechen und Änderungen zu erfassen, aber auch zu ermöglichen. Da ehrenamtliche Arbeit eine freiwillige Tätigkeit ist, haben Ehrenamtliche natürlich auch zwischenzeitig die Möglichkeit, die Vereinbarung aus persönlichen Gründen zu verändern. Wirklich bindend ist jedoch das jeweils aktuell vereinbarte Engagement im konkreten Einsatz bei einem oder einer Sterbenden.

> TIPP: Zur Verdeutlichung finden Sie im Anhang ein Beispiel für eine Vereinbarung und einen Bogen zur Erhebung von für das Hospiz wichtigen Informationen seitens der Ehrenamtlichen.

Christoph Drolshagen

Keine Begleitung ohne Begleitung

Supervision und andere Begleitungsformen in der Hospizarbeit

Wer andere Menschen begleiten will, für den ist es gut, sich selber begleiten zu lassen. Wer Menschen in Extremsituationen wie etwa in der Sterbephase begleiten will, setzt sich selber einer Extremsituation aus. Damit die Helfenden darin nicht irgendwann ihre Kraft verlieren, bieten fast alle Hospizeinrichtungen und -vereine ihren Ehrenamtlichen und, soweit vorhanden, auch den Hauptamtlichen eine qualifizierte Begleitung an.

Sich begleiten zu lassen, sich selber helfen zu lassen, das ist für manche eine überraschende Seite der Hospizarbeit, will man doch selber ganz der Helfende sein. Doch ich kann nur dann einen Menschen gut begleiten, wenn ich selber immer wieder erfahre, wie gut es tut, wenn jemand einfach da ist und mir zuhört, oder wie belastend es sein kann, wenn ein vermeintlicher Begleiter mich einfach nicht versteht.

Es gibt unterschiedliche Möglichkeiten, die Begleitung der Begleiter zu organisieren. Es gibt so genannte Begleitungsgruppen, Praxisbegleitung und Supervision. Hinzu kommen Fortbildungen, die Hospizvereine und -einrichtungen für ihre Ehrenamtlichen anbieten. So hat z.B. der Neuwieder Hospizverein e. V. für das Jahr 2001 folgendes Konzept zur Begleitung der Begleiter entwickelt:

Supervision, verpflichtend für alle, die aktuell in Begleitungsprozessen stehen, monatlich mit einer ausgebildeten Supervisorin, Reflexion der eigenen Begleitungsarbeit, Fallbesprechungen und fachliche Impulse
Begleitungsgruppe für alle HospizhelferInnen; halbjährlich, kollegialer Austausch unter Moderation der Koordinatorin und der Hospizfachkraft
Themenbezogene Fortbildungen etwa viermal im Jahr, mit Referentinnen und Referenten, z.B.: Medizinische Aspekte der Sterbebegleitung; Mit Düften verwöhnen

Anfänge gestalten für neue HospizhelferInnen: Hilfen für den ersten Einsatz und den Erstbesuch
»Auftanken und Kraft schöpfen« – Wochenendveranstaltung als Angebot
»Hospiz unterwegs« (ein Betriebsausflug) und Jahresfest mit Gottesdienst

Jede Form der Begleitung und Fortbildung für ehrenamtliche Begleiter *unterstützt* sie in ihrem Dienst und soll ein Ausbrennen – burn out – verhindern. Mehr noch: sie ist ein Mittel, das Feuer der Motivation in den Helfenden am Brennen zu halten und immer weiter zu entfachen. Schritt für Schritt erweitert sich somit die Kompetenz der Ehrenamtlichen, sie wachsen innerlich durch die Impulse und den Austausch in der Gruppe.

Die reflektierte Begleitung – meist in Form der Supervision – hat eine *Schutzfunktion* für die ehrenamtlich Begleitenden wie auch für die Kranken und ihre Angehörigen. Die Begleitung der Begleiter gibt durch die Bearbeitung der oben genannten Fragestellungen Hilfen an die Hand, die Helferbeziehung im Sinne einer hospizlichen Begleitung zu gestalten. Sie hilft, manche sehr schmerzhaften Konflikte zu bearbeiten oder gar zu vermeiden. Sie *sichert somit die Qualität der ehrenamtlichen Arbeit,* was vermehrt auch von Kostenträgern, die ambulante Hospizarbeit mitfinanzieren, eingefordert wird.

Schließlich sind die unterschiedlichen Angebote der Begleitung der Begleiter auch als eine Form der *Anerkennung* ehrenamtlichen Engagements zu sehen. Selten sonst wird Ehrenamtlichen eine derart kompetente und vielfältige Unterstützung und Förderung geboten wie in der Hospizbewegung.

Supervision in der Hospizarbeit

Eine wichtige Rolle in der Begleitung der Begleiter spielt die Supervision. Sie wird fast an allen Hospiz-Orten angeboten, häufig ist sie für die, die in der Sterbebegleitung aktuell tätig sind, sogar verpflichtend.

Supervision für *Ehrenamtliche* gibt es in diesem Ausmaß erst, seitdem es Hospize gibt, neben einer parallelen Entwicklung in der Telefonseelsorge. Supervision ist ursprünglich eine Beratungsform für Fragen *beruflicher* Arbeit. Überall, wo Menschen mit Menschen arbeiten, ist es sinnvoll, mit Hilfe einer Supervision diese Arbeit zu reflektieren. Das heißt, ihren größten Einsatzbereich hat die Supervision in der sozialen Arbeit von Psychotherapeutinnen über Lehrer, Ärztinnen und Krankenschwestern, Erzieherinnen, Sozialarbeitern, Erwachsenenbildnern bis hin zu Streetworkern und Drogenberatern. In den letzten Jahren hat die Supervision auch in der Wirtschaft, im so genannten Profit-Bereich, und in der Verwaltung ein neues Einsatzfeld gewonnen, da auch dort die Bedeutung der Qualität von Zusammenarbeit zwischen Teammitgliedern und Abteilungen erkannt worden ist.

Was genau ist Supervision?

Das lateinische Wort »Supervision« heißt so viel wie »Überblick« oder »Blick von oben«. Genau darum geht es: Sich einmal aus seiner Arbeit herauszuziehen und aus einer gewissen Distanz auf das zu schauen, was man alltäglich macht:

- auf die Arbeit im Team mit anderen Kollegen
- auf die Arbeit mit Patienten, Klienten oder Kunden
- auf die eigene (Berufs-) Rolle und die persönlichen Ideen und Möglichkeiten, sie auszufüllen
- auf die Einrichtung, in der man arbeitet.

Lesetipp:
Supervision – professionelle Beratung zur Qualitätssicherung am Arbeitsplatz, Deutsche Gesellschaft für Supervision e.V. (Hg.) 1996, Flandrische Straße 2, 50674 Köln.
Als Berufsverband der SupervisorInnen in Deutschland hat die DGSv (Deutsche Gesellschaft für Supervision) als Voraussetzung zur Mitgliedschaft Standards zur Qualifizierung von SupervisorInnen entwickelt, die von den meisten Weiterbildungsgängen erfüllt werden.

Die Distanz tut gut, weil man erst so manche Zusammenhänge entdeckt und dann auch besser versteht; weil man auf neue Ideen kommt, Entscheidungen sicherer fällen kann. Dabei kommt dem *Supervisor/der Supervisorin* eine wichtige Rolle zu, weil er/sie aus seinem /ihrem Wissen und als Außenstehende/r wichtige Hinweise geben kann und gleichzeitig eine Stütze in schwierigen Situationen bietet. SupervisorInnen sind in der Regel gründlich ausgebildet: sie haben selber persönliche und berufliche Reflexionsprozesse hinter sich und haben sich in einer dreijährigen Weiterbildung qualifiziert. Sie verfügen über Kenntnisse und Methoden aus dem Bereich der Psychologie, Kommunikationswissenschaft und Organisationstheorie. Wichtig ist bei der »Gruppen-Supervision« schließlich auch *die Gruppe,* in der man sich als »Kolleginnen und Kollegen« Tipps und vor allem auch Rückmeldungen gibt und holt, die Einzelne sonst selten so offen bekommen.

Supervision ist keine Therapie, sie dient nicht zur Bearbeitung ganz privater Probleme der Teilnehmer, die nichts mit der Hospizarbeit zu tun haben. Sie ist auch etwas anderes als eine Fortbildung: der Supervisor referiert und instruiert in der Regel nicht über die Kunst, gute Hospizarbeit zu machen, sondern hilft eher den Teilnehmenden durch seine Hinweise und Anfragen, selber die für sie geeigneten Lösungen zu finden.

Supervision findet meist in einer Folge von vorher festgelegten Sitzungsterminen statt: etwa 10–15 Sitzungen, in einem Abstand von jeweils 2–4 Wochen. Eine solche Sitzungsfolge nennt man Supervisions-Prozess. Eine Supervisionsgruppe hat im Idealfall 4–8 Teilnehmende. Eine Sitzung dauert eineinhalb bis zwei Stunden.

Supervision in einer Hospizgruppe trägt dem Thema der Hospizarbeit Rechnung: Sie kann ein Raum sein, in der die Teilnehmenden Rituale und Symbole entwickeln und ausprobieren, die helfen, Unaussprechliches zum Ausdruck zu bringen. Supervision macht dann auch vor spirituellen Fragen nach dem Lebenssinn nicht halt. Meine eigene Erfahrung als Supervisor ist, dass ich im Hospizbereich auf diese Weise vieles neu oder wieder entdeckt habe für meine Arbeit in anderen Feldern, wo Supervisanden auch Sinnfragen stellen, die aber im harten Berufsalltag oft keinen Raum finden, ja geradezu tabuisiert werden.

Inhalte der Supervision für ehrenamtliche HospizhelferInnen

Gegenstand von Supervision für ehrenamtliche HospizhelferInnen sind Szenen, Probleme und Konflikte aus der ehrenamtlichen Arbeit, aus konkreten Sterbebegleitungen.
Dabei kann es zum Beispiel darum gehen,

- die Beziehungsgestaltung zwischen dem ehrenamtlichen Helfer und dem Sterbenden mit den ihm Nahestehenden zu reflektieren: Wie kann am Anfang ein fruchtbarer Kontakt zustande kommen? Wie können beide Seiten sich annähern? Welche Nähe ist in dieser konkreten Beziehung für eine Begleitung notwendig und möglich? Wie viel Distanz sollte dennoch bleiben?

- Hilfen zu entwickeln für den Umgang mit einem schwierigen Kranken oder einer zerstrittenen Familie;
- Fragen nach der Rollengestaltung in der Begleitung zu klären: Welche Rolle nimmt der Helfende gegenüber dem Sterbenden ein? Was ist sein Platz im Familien-, Nachbarschafts- und Freundeskreissystem des Kranken? Welche Aufgaben sollte er übernehmen? Welche besser nicht? Wie viel Zeit will und kann der Helfende investieren? Wie können Grenzen des Engagements ausdrücklich gemacht werden gegenüber den Hilfe Suchenden? Welche ist die Rolle des Ehrenamtlichen im Zusammenspiel mit beteiligten Hauptamtlichen (Pflegedienst, Familienhilfe, Seelsorge etc.)? Wie können Ehrenamtliche reagieren, wenn es da Konflikte gibt?
- eigene Gefühle – etwa die Traurigkeit über das Dahinschwinden des Kranken, den Ekel vor Exkrementen und offenen Wunden, die Wut über die Kinder eines Sterbenden, die nur auf das Erbe warten (einige extreme Beispiele), – einmal »rauszulassen« und ins Fließen zu bringen. Dazu gehört auch, die Dankbarkeit für eine gelungene Begegnung, die den Helfenden selbst sehr bereichert hat, anderen mitzuteilen.
- zu erkunden, wie sehr eigene Gefühle die Reaktionen des Begleitenden bestimmen; die Angst vor der eigenen Sterblichkeit zu bearbeiten, an die Begleitende angesichts von Sterben, Tod und Trauer immer wieder neu geführt werden: die Angst wahrzunehmen, sie wieder zu erkennen und neue kreative Formen des Umgangs mit ihr zu suchen; *
- die Zusammenarbeit in der Hospizgruppe, zwischen ehrenamtlichen Helfern und Hauptamtlichen, zwischen Hospiz und Pflegedienst und Ärzten zu reflektieren und zu verbessern sowie Konflikte zu bearbeiten.

---

* vgl. Johann-Christoph Student, Fünf Thesen zur Fortbildung von Sterbebegleiterinnen, infokara 2/1998.

Supervision im Hospizbereich steht wie auch sonst unter Schweigepflicht (siehe Anhang), die für den Supervisor/die Supervisorin wie für die TeilnehmerInnen gilt. Die Schweigepflicht betrifft Informationen aus den Begleitungen, aber auch alles, was die Ehrenamtlichen selber von sich mitteilen und zeigen.

Organisation der Supervision im Hospizbereich

Einige Hospizvereine – z.B. der in Neuwied – verpflichten ihre ehrenamtlichen MitarbeiterInnen nur dann zur Supervision, wenn sie auch einen Einsatz leisten. Das hat den Vorteil, dass die Supervisionsgruppe nur von Personen besucht wird, die auch etwas an aktuell gemachten Erfahrungen einzubringen haben, so dass es also mehr Akteure als stille Zuschauer in der Gruppe gibt. Und es spart den nicht aktuell betroffenen Ehrenamtlichen Zeit und dem Träger Kosten für die Supervision.

Andere Hospize – so z.B. in Hochdahl – haben feste Supervisionsgruppen, zu denen die Teilnehmenden kommen, unabhängig von der Tatsache, ob sie gerade in einer Begleitung stehen oder nicht. Hier liegt der Vorteil darin, dass die Gruppenmitglieder nach und nach sehr vertraut miteinander werden, und dass aus den Beispielen Einzelner ein größerer Kreis lernen und somit profitieren kann. Viele bleiben »im Thema«, auch wenn sie längere Zeit keine Begleitung übernehmen.

Es kann auch sinnvoll sein, Supervision im Hospizbereich für eine aus Haupt- und Ehrenamtlichen gemischte Gruppe anzubieten. Im ambulanten Hospiz könnte die Hospizfachkraft oder die Koordinatorin teilnehmen, im stationären Hospiz die Pflegekräfte oder die Seelsorgerin. Dann bekommt die Supervision eine andere Funktion. Sie ist nicht mehr nur der für die Ehrenamtlichen reservierte und geschützte Raum. Es kommen andere Themen zusätzlich auf den Tisch, die mit der Zusammenarbeit zwischen Haupt- und Ehrenamt oder etwa dem Zustandekommen von ehrenamtlichen Begleitungen durch die Vermittlung der Hauptamtlichen zu tun haben. Auch kann man hier gemeinsam an konkreten »Fällen«, d.h. Begleitungen von Patienten arbeiten, die Erfahrungen austauschen und die gemeinsamen Vorgehensweisen überlegen. Voraussetzung für diese Form der Supervision ist ein grundsätzliches Vertrauen zwischen den Ehrenamtlichen und der Koordinatorin/Hospizfachkraft. Dieses Vertrauen kann aber auch durch die gemeinsame Reflexionsarbeit aufgebaut werden.

Als Idealfall sehe ich die situationsbezogene Kombination von beiden Modellen: für eine Zeit lang mag es sinnvoll sein, Supervision in einer Gruppe nur den Ehrenamtlichen anzubieten – am besten parallel zu einem entsprechenden Angebot für die Hauptamtlichen. Vielleicht ist es im nächsten Jahr dann angeraten, die Gruppen zu mischen. Wichtig ist, dass an jedem Hospizstandort eine Person dafür verantwortlich ist, dass die Supervision sinnvoll und zielgerichtet eingesetzt wird. Sie

- trifft inhaltliche Absprachen und Zielvereinbarungen mit den Supervisoren und schließt mit ihnen den jeweiligen Kontrakt;
- nimmt am Ende eines Supervisionsprozesses von etwa einem Jahr Dauer die Reflexion der Gruppe und der Supervisoren entgegen;
- hat im Blick, welche Form der Supervision künftig die richtige ist, ob eine Pause sinnvoll ist und wann ein Neustart erfolgen muss.

Diese Reflexion ist auch und gerade dann wichtig, wenn Supervision wie im Hospizbereich eine Dauereinrichtung ist. Jedes Jahr sollte man den Kontrakt erneuern. Auch die Supervision bedarf einer Qualitätssicherung.

Supervision gibt es nicht umsonst. Honorare für Supervisoren liegen bei 100–150 DM (50 – 75 Euro) die Stunde. In vielen Bundesländern wird die Supervision für Ehrenamtliche mit öffentlichen Mitteln gefördert.

Ein Beispiel für eine Form der Supervision: die »Fallarbeit«

Die Fallarbeit ist eine spezielle Form der Supervision, die sich in der Hospizarbeit gut eignet, um einzelne Begleitungen näher zu besprechen. Jede Ehrenamtliche, die in die Supervisionssitzung kommt und zur Zeit eine Begleitung durchführt, hat so die Möglichkeit, für ihre Begleitung neue Impulse zu bekommen. Sie darf berichten, da die Supervision ein geschützter Raum ist, also der Schweigepflicht unterliegt, auch und gerade bezüglich aller Informationen über die Sterbenden und ihre Familien.

Die Fallarbeit kann auch außerhalb des Rahmens der Supervision durchgeführt werden, etwa wenn die Koordinatorin qualifiziert ist, mit Gruppen zu arbeiten. Ich stelle ein mögliches Raster vor, das zeigt, wie eine Fallbesprechung in der Supervision oder Praxisbegleitung durch die Koordinatorin aussehen kann:

Modell einer Fallbesprechung

1. Leiter/Gruppe: Berichte über weitere Entwicklungen zu den Fällen der letzten Sitzung / Sammlung der aktuellen Fälle für diese Sitzung und Entscheidung für eine Reihenfolge (5 Min.)

Fragen der Leiterin an die Teilnehmer der Gruppe: Wie ist es in den vorgestellten Begleitungen weitergegangen? Was hat Einzelne aus der Sitzung noch weiter beschäftigt? Was beschäftigt mich zur Zeit in meiner Begleitung besonders? Möchte ich heute dazu von der Gruppe beraten werden? Wie dringend ist es für mich, jetzt dranzukommen?

2. Falleinbringer: Erzählen (möglichst ohne Unterbrechung aus der Gruppe) (ca. 10 Min.)

Fragen für den Falleinbringer: Was fällt mir jetzt zu meiner Begleitung ein? Was ist dann meine wichtigste Frage, mein Hauptproblem? Dieses Erzählen muss kein ausgefeiltes Referat sein, sondern sollte möglichst spontan und frei von äußerem Druck sein, kann auch bruchstückhaft sein. Objektive Vorgänge wie auch subjektive Empfindungen sind hier wichtig. Die Gruppe hört aufmerksam zu.

3. Gruppe: Rückfragen (ca. 5 Min.)

Die Gruppe stellt nur Informationsfragen, gibt noch keine Hypothesen, Deutungen oder Tipps! Hier ist meist die Versuchung für die Zuhörer groß, sofort Lösungsvorschläge und Rezepte aus der Tasche zu ziehen. Dazu ist es aber noch viel zu früh. Das würde den kreativen Prozess einschränken.

4. Gruppe – außer Falleinbringer: Bildung von Hypothesen (ca. 10 Min.)

Die Gruppenmitglieder bilden sich eine Meinung über Zusammenhänge und Motive. Sie geben den persönlichen Eindruck wieder, aber auch Erinnerungen, Beobachtungen, Bilder, Vergleiche, Assoziationen und Gefühle, die beim Zuhören gekommen sind. Keine Diskussion, immer noch keine Lösungsvorschläge, sondern nur Austausch. Der Falleinbringer hört zu.

5. Falleinbringer: Ordnen (ca. 5 Min.)

Reaktion des Falleinbringers: Wie lassen sich die Ideen und Eindrücke zusammenfassen? Gibt es Widersprüche und Übereinstimmungen? Was kann ich mit den Beiträgen der Gruppe anfangen? Was ist das zentrale Problem? Wie heißt es genau?

6. Alle: Perspektiven (ca. 10 Min.)

Alle sammeln: Was würde ich machen? Welche Ideen und alternativen Verhaltensmöglichkeiten kommen mir? Was hat in einer ähnlichen Situation schon geholfen? Welches können nächste Schritte sein? Hier sind jetzt Lösungsideen gefragt. Auch verrückte Ideen sind erlaubt!
Falleinbringer: Entscheidung für weitere Schritte (5 min) Klärung des Falleinbringers und Begründung: Welche der genannten Vorgehensweisen passen zur Situation, zum Patienten, zu mir? Warum? Welche Konsequenzen haben sie? Welche Teil- und Zwischenschritte sind ggf. zu planen?

8. Alle: Austausch (ca. 10 Min.)

Fragen der Leiterin an alle: Was teilen die einzelnen Gruppenmitglieder mit dem Falleinbringer? Was lernen sie aus seinen Überlegungen? Wo erging es ihnen ähnlich? Wie erging es mir während der Besprechung dieses Falls? Was/wer hat meine Mitarbeit gefördert, behindert?

Der Leiter benennt die einzelnen Schritte und achtet auf deren Einhaltung durch die Gruppe und auf das Zeitkontingent.

Ergebnis einer qualifizierten Begleitung der Begleitenden ist, dass durch sie Ängste gemindert und Kräfte freigesetzt werden. Dann erleben die ehrenamtlichen Mitarbeiterinnen und Mitarbeiter des Hospizes sie nicht als Belastung, sondern als »Lohn« und Anerkennung für ihre Arbeit.

Eine Handreichung für ehrenamtliche MitarbeiterInnen zur Supervision finden Sie im Anhang.

Ida Lamp

Selbstbefragung zur Psychohygiene

Das hospizliche Engagement fordert den ganzen Menschen ein und kann manches Mal bis an die Grenzen des Leb- und Leistbaren gehen. So ist die gute Sorge für sich selbst, die eigenen Bedürfnisse und Wünsche, der sorgsame Blick auf Belastungen und die eigenen Grenzen nötig, um bei der Arbeit gesund zu bleiben. Dies geschieht sicher in den Begleitangeboten, die es in allen Hospizen gibt. Aber es ist auch gut, für sich selbst mit bestimmten Fragen innerlich vertraut umzugehen.

Der hier angebotene Katalog von Fragen ist nicht vollständig und verbindlich, sondern eine Anregung, sich mit sich selbst unter ganz unterschiedlichen Aspekten auseinander zu setzen. Verstehen Sie ihn als Einladung, eigene Fragen und Reflexionsbereiche zu finden und ihnen regelmäßig Raum zu geben.

- Habe ich Zeiten, die nur mir allein gehören?
- Bin ich in meinem Körper zu Hause?
- Habe ich Möglichkeiten, mich zu entspannen?
- Sorge ich dafür, dass ich genügend Schlaf bekomme?
- Entwickle ich meine Fähigkeiten, mit mir selbst in Kontakt zu sein, mich wahr-zu-nehmen, zuzuhören, ehrlich mir selbst gegenüber zu sein und mich selbst zu vertreten, indem ich zum Beispiel das für mich einfordere, was ich zum Leben brauche, um das bitte, was ich möchte (ohne gleich zu denken, was der oder die andere möchte)?
- Ist die Nahrung, die ich zu mir nehme, nahrhaft? Nehme ich mir Zeit zum Essen? Sind mir die Lebensmittel wirklich Mittel zum Leben?
- Nehme ich Rücksicht auf mich, meine Gefühle, Wünsche und Bedürfnisse? Wie tue ich das?
  Zeige ich mir selbst gegenüber Wertschätzung? Wie?
- Entwickle ich Fähigkeiten, mit anderen Menschen in einen aufrichtigen, gleichgeordneten Kontakt zu treten und darin zu bleiben? Was kann ich dafür tun?
- Gestehe ich mir ohne Einschränkung *zu,* tiefe Liebe zu empfinden und zu leben? Unterhalte ich persönliche, nährende, tra-

gende Beziehungen? Genieße ich die Unterstützung anderer Menschen (Bekannte, Freunde, Familie, Nachbarschaft, ArbeitskollegInnen, Selbsthilfegruppe ...)? Was könnte ich tun, um in meinem persönlichen Leben mehr und zufriedenstellendere Verbindung zu anderen Menschen zu erfahren?

- Freue ich mich des Lebens? Bin ich zufrieden mit dem Leben, das ich führe?
- Mag ich mich? Geh ich versöhnlich, geduldig, lernbereit mit den Seiten von mir um, die ich nicht so mag?
- Kann ich mir verzeihen? Kann ich Fehler als Lernerfahrungen sehen – wie auch mich an Erfolgen freuen?
- Traue ich mich, mich anderen zu öffnen? Lasse ich andere an mich heran, lasse ich mich von anderen berühren, in meinen Grundfesten erschüttern? Und dann?
- Habe ich Humor? Kann ich lachen, Freude zeigen? Tue ich etwas dafür, diese Seite des Lebens zu spüren?

Begleitende sollten sich von Zeit zu Zeit solche Fragen stellen. Solch ein Fragebogen ist nicht wie ein Psychotest in Zeitschriften gedacht, dessen Punkte Ihnen Auskunft über Ihren Typ geben. Vielmehr will er zu Auseinandersetzung mit sich selbst anregen: Sich solchen Fragen zu stellen, kann dazu führen, die eigenen Möglichkeiten von Reifen und Wachstum zu begreifen und auch mehr und mehr zu erahnen: Mein Verhältnis zu mir, meine Beziehungen, meine Haltungen dem Leben gegenüber sind bedeutsam für die Auseinandersetzung und den Umgang mit Krankheit (Kranken), Leiden (Leidenden), Sterben (Sterbenden) und Tod (Toten und Trauernden).

Die Antworten werden nicht jeden Tag gleich ausfallen!

Wo Sie Unzufriedenheit spüren, fragen Sie sich: Wo will ich hin? Was kann ich tun? Welche Unterstützung brauche ich?

Ida Lamp

Spirituelle Begleitung

In der Hospizbewegung gehören Spiritualität und spirituelle Begleitung zu den Grundworten.

Die Menschen, die sich für Sterbende und ihre Angehörigen engagierten, taten (und tun) das aus dem – oft religiös motivierten – Bedürfnis heraus, anderen Gutes zu tun, und aus dem inneren Wissen, dass sie in der Zuwendung zu anderen vieles über sich selbst lernen und erfahren werden.

Bei denen, für die sich BegleiterInnen im Hospiz engagieren wollen, stellen sich angesichts von Krankheit und Krisen, persönlichen Katastrophen und Leiden, angesichts des Sterbens und des nahenden Todes oft viele Fragen ein. Menschen halten Lebensrückblick, sie erleben existentielle Schmerzen, die sich oft mit den physischen Schmerzen verbinden und nicht mehr davon unterscheidbar sind. All das wird heute mit dem Wort »Spiritualität« umrissen, das im deutschen Sprachraum erst seit den 1960-er-Jahren gebraucht wird. Spiritualität ist nicht mit Religiosität gleichzusetzen. Im Kontext der Arbeit im Hospiz bezieht sich Spiritualität auf das innere Wachsen von Menschen, auf Reifungsprozesse, auf die Suche des Menschen nach dem existentiellen Sinn seines Lebens, Leidens und Sterbens, auf die Quellen und das Ziel seines Daseins.

Früher umschrieb man Spiritualität mit Begriffen wie »Streben nach Heiligkeit«, »Geistliches Leben«, »Suche nach Vollkommenheit«, o. Ä., die für viele – nicht mehr religiöse und schon gar nicht christlich-religiöse – Zeitgenossen heute eher befremdlich klingen.

Heute will »Spiritualität« die unterschiedlichsten Erfahrungen, die naturwissenschaftlich nicht greif- und bestimmbar sind, zusammenfassen. Der Begriff transportiert die Menschheitssehnsucht, einen tragenden Grund zu finden, zu erspüren, wozu es sich zu leben, für andere zu engagieren, zu leiden und mitzuleiden lohnt.

Im Hospiz (überall da, wo Hospizlichkeit als Wert gelebt wird) wird der Mensch ganz selbstverständlich nicht nur in seiner Leiblichkeit, sondern auch als geistig-seelisches, als spirituelles Wesen in den Blick genommen. Fragen wie: Was schmerzt mich? Wie denke ich über das Leben als Ganzes? Was sind meine Quellen?

Woraus lebe ich? Was bleibt von mir, wenn ich tot bin? Was war gut an meinem Leben? Was habe ich versäumt? kommen in den Blick. Religiöse Menschen fragen sich vielleicht: Was glaube ich eigentlich wirklich? Wie finde ich Halt in Gott? Was bedeutet Heil, wo ich (oder der andere) nicht mehr körperliche Heilung erfahren kann?

Als BegleiterInnen liegt uns daran, an den inneren Schätzen von Menschen Anteil zu nehmen, in Ehrfurcht ihre Lebensquellen wahrzunehmen und ihr Leben in all seinen Dimensionen *sein* zu lassen. Wir wollen die existentiellen Fragen da, wo sie auftauchen, nicht ausblenden. Und es ist uns wichtig, uns der spirituellen Not und dem Schmerz zu stellen – auch dann, wenn wir selbst keine Antworten parat haben. Wir glauben, dass andere nicht nur auf unser pflegerisches und medizinisches Können, auf unsere Kochkünste und unser Sangestalent oder auf alltägliche Hilfeleistungen bauen wollen, sondern auch davon leben, dass wir uns unserer eigenen Lebenswahrheit stellen, dass wir bereit sind, unsere Fragen und unsere Antworten zu teilen.

Religiöse Menschen haben religiöse Bedürfnisse – wie beten oder Sakramente empfangen. Spirituelle Bedürfnisse kann auch ein Atheist haben, sich fragen: Bin ich etwas wert? Was geschieht mit meiner Person im Sterben? Wohin gehe ich? Bleibt etwas?

Im Hintergrund, in der Tiefe oder als Horizont von Spiritualität steht also das, was ich in meinem eigenen Leben als tragend erfahren habe, was mich atmen und hoffen lässt, mich weiterbringt, verändert und wachsen lässt.

Ich bin zutiefst der Überzeugung, dass es für den, der jemanden spirituell begleitet, zunächst und immer wieder darum geht, sich der eigenen Lebenswirklichkeit zu stellen und sich zu fragen: Aus welchen Quellen lebe ich? Was treibt mich um? Wie habe ich Enttäuschungen, Schmerz, Scheitern, Leiden bisher in meinem Leben bewältigt und wie tue ich das heute angesichts der Leiden und des Sterbens der Menschen, die ich begleite? Religiös-christliche Menschen werden sich vielleicht fragen: Wo habe ich Gott erfahren als Grund meines Daseins? Glaube ich an die Auferstehung von den Toten, und was bedeutet das für meine Begegnung mit Sterbenden und ihren Angehörigen?

Dabei muss uns klar bleiben, dass die Antworten, die *wir* auf solche Fragen gefunden haben, kein Super-Konzentrat sind, das man nur situativ mit Wasser anreichern und anderen als Instant-Getränk reichen kann.

Die Auseinandersetzung mit uns selbst verändert unser Leben und unseren Glauben immer wieder. Sie sollte uns für das Gespräch mit anderen sensibilisieren. Sie sollte uns wach halten für all die Veränderungen, die da lebensgeschichtlich möglich sind, und uns offen machen für die Vielfalt der Lebensdeutungen, denen wir begegnen.

Wenn ich im Folgenden über Spiritualität der Begleitenden rede, dann rede ich – weil ich da selbst beheimatet bin – über christliche Spiritualität. Das ist einseitig – das weiß ich. Natürlich gibt es außer der christlichen viele andere – religiöse wie humanistische – Grundhaltungen, aus denen eine Spiritualität der Begleitung erwachsen kann.

Christliche Spiritualität, von der ich hier rede, ist Religiosität, deren Quelle das Evangelium ist, die aus den Flüssen christlicher Traditionen gespeist wird, angereichert durch viele Kulturen, lebendig gehalten durch Gottes Geist, der weht, wo er will. Ich selbst gehe davon aus, dass im Letzten Gott der Arzt ist, Jesus der Heiland, der Geist die Kraft, die lebendig macht. Das prägt, glaube ich, auch den Umgang mit den Menschen, denen ich begegne. Es lässt meines Erachtens die vielen Grenzen zu, an die ich und an denen ich mich stoße.

Immer gilt: Unsere Spiritualität als Begleitende muss im Leben verwurzelt sein. Christlich gesagt muss sie als österliche Spiritualität Kreuz *und* Auferstehung im Auge haben. Die in der Hospizbewegung engagierte Ärztin Sheila Cassidy hat das einmal in einem Vortrag in Mainz ganz einfach in den Blick gerückt: »Wenn wir uns nur auf das Schwere beschränken, auf das Bluten, das Erbrechen, den Durchfall, dann wird uns das immer mehr hinunterziehen bis in die Verzweiflung«, sagt sie. »Und wenn wir unser ganzes Augenmerk ausschließlich auf die Auferstehung richten würden, auf ein fernes Jenseits, dann romantisieren wir das Leiden allzu schnell, dann vertrösten wir, ignorieren wir die Gegenwart.«

Begegnungen mit Sterbenden sollten wir nie romantisieren: Das Leben des anderen steht plötzlich in Ruinen; der anstehende Tod ist der Abbruch des irdischen Lebens. Das ist eine Realität!

Spiritualität im Hospiz bedeutet, das Harte, Bedrohende, Ängstigende wahrzunehmen, ernst zu nehmen, anzunehmen. Darin sollen wir als BegleiterInnen Bei-Stand sein, uns auf echte Begegnung einlassen, nichts besser wissen.

Wir müssen gut im Leben verwurzelt sein, damit das gelingt, damit wir uns nicht vorschnell auf die andere Seite des Jenseits des heilen Lebens retten. Damit wären wir dem anderen gegenüber – und letztlich auch uns selbst gegenüber – nicht ehrlich.

Ich bin davon überzeugt, dass es darum geht: dem anderen zu begegnen, miteinander Fragen und Antworten, Suchen und Ringen wie Gefundenes, christlich gesprochen: Karfreitag und Ostern, zu teilen.

Ich bin überzeugt, dass jeder und jede Getaufte dazu berufen ist, Spiritualität mit anderen zu teilen. Das ist in meinem Verständnis Seelsorge – für manche immer noch eine gewöhnungsbedürftige Vorstellung. Als Getaufte sind wir SeelsorgerInnen. Wir alle (und selbstverständlich nicht nur ChristInnen) haben eine spirituelle Kompetenz, die wir gerade in der Begegnung mit Kranken, Sterbenden und Trauernden leben sollen.

Schauen wir einen Moment auf die Praxis, drei Szenen – stellvertretend für viele andere, die Sie sicher auch kennen:

Szene 1: Eine Ehrenamtliche betet mit anderen im »Raum der Stille« (in der Kapelle oder Kirche); sie hat diese Gebetszeit vorbereitet und leitet sie.

Szene 2: Eine Frau sitzt mit mehreren Personen am Tisch; sie reden gemeinsam darüber, welchen Sinn das denn macht, so viel Leid zu erleben.

Szene 3: Ein Mann sitzt still am Bett einer Sterbenden und begleitet sie in ihren letzten Stunden.

In all diesen Situationen werden aus meiner Sicht Menschen einander zu SeelsorgerInnen. Mit ihrer Seele und ihrem ganzen Sein sorgen sie sich umeinander.

Bei Spiritualität geht es zunächst um mich, bei Seelsorge darum, wie meine Spiritualität zur Lebensbegleitung für andere werden kann. Spiritualität teilen wir nicht nur im Beten oder in Gesprächen, sondern ebenso im Da-sein.

Die Spiritualität, die in der Begleitung von Sterbenden gefordert ist, die Haltung, um die es da geht, die hat viel mit dem zu tun, was das Matthäus-Evangelium über christliche Spiritualität sagt. Da heißt es, dass Christus erklärt: »Ich war derjenige, der durstig war und dem ihr zu trinken gegeben habt.« Fürs Hospiz hat das Sheila Cassidy so übersetzt: »Ich hatte Schmerzen, und ihr habt mir Morphium gegeben. Ich hatte Verstopfung, und ihr habt mir einen Einlauf gemacht.« Vielleicht klingt das für Sie zu banal, zu wenig fromm. Aber darum geht es – zumindest auch: In dem, was ich, mich einem anderen zuwendend, tue, geschieht Christusbegegnung, Gottesbegegnung. Oder umgekehrt gesagt: Wenn wir glauben, dass sich Gott unser annimmt, dann muss sich das für andere in unseren konkreten, alltäglichen Handlungen und im Dasein enthüllen – ebenso wie im Gebet mit- und füreinander.

Dabei sind die Rollen in der Begegnung gar nicht immer klar festgelegt und sicher wechseln sie. Seelsorger für die anderen sein heißt eben nicht, dass nicht auch die anderen mir etwas beibringen können! Für mich bezeichnet Spiritualität der Begleitenden die Intention und Haltung, mit der ich dem oder der anderen begegne: Ich nehme ernst, dass der andere Mensch, dem ich begegne, ganz elementar leidet – und ich nehme ernst, dass er oder sie mehr ist als ein kranker Körper. Ich sehe den ganzen Menschen, die Person, die er oder sie hinter oder trotz der Erkrankung und der damit manchmal einhergehenden Entstellungen ist. Ich teile ihre Sorgen und Nöte, aber auch das, was er oder sie vor der Erkrankung gelebt hat. Ich begegne ihm oder ihr mit meinen eigenen Lebens- und Glaubenserfahrungen. Ich glaube an die Einmaligkeit des Menschen, seine unverletzliche Würde, seine Freiheit und Verantwortung. Ich sehe ihn oder sie auf Grund meines Glaubens als Gottes geliebten Sohn, Gottes geliebte Tochter an. Auf Grund meines Glaubens an die Freiheit und Verantwortung des anderen habe ich aber auch den Mut, ihn oder sie so sterben zu lassen, wie sie sterben möchten – und nicht, wie ich mir vorstelle, dass sie sterben sollten.

Seelsorge ist »geistliche Begleitung und Lebenshilfe«, zu der alle Getauften berufen sind. Die seelsorglichen Charismen zum Heilen, zum Trösten, zum Ratgeben – so sagt es der Pastoralpsychologe Isidor Baumgartner – sind breiter gestreut, als dass man sie nur unter den pastoralen Experten suchen müsste. In der Taufe wurzeln vielmehr unsere Fähigkeit und unsere Verpflichtung zur Gottes- und Nächstenliebe, zu Gerechtigkeit und Treue (vgl.

Mt 23, 23). Und daraus erwachsen Gottesdienst und soziales Handeln, Politik und Caritas in ihren vielfältigen Gestalten!

Als Ehrenamtliche im Hospiz werden Sie auch »professioneller« Seelsorge begegnen, und es ist gut, die Gemeinsamkeiten und Unterschiede zu reflektieren.

Sie stimmen sicher mit mir darin überein, dass nicht jede, die ihre kranken Angehörigen hingebungsvoll pflegt, deshalb schon Krankenschwester ist – auch wenn sie in oft jahrelangen Pflegeprozessen erhebliche pflegerische Kompetenz erlangt haben mag. So gibt es neben der seelsorglichen Kompetenz aller Getaufter auch »professionelle SeelsorgerInnen«. Diese »Profis« haben sich in einem mehrjährigen Studium mit theologisch-philosophischen Fragen auseinander gesetzt. Sie haben ein persönliches Reflexionsvermögen in Ausbildungsphasen professionell trainiert. Diese Reflexion sollte ihre Arbeit und Praxis beispielsweise in Form von geistlicher Begleitung und Supervision begleiten. Sie haben sich mit der eigenen Glaubensgeschichte, mit ihrem Gottesbild und ihrer Frömmigkeit auseinander gesetzt – und tun das immer wieder aufs Neue. Sie haben sich methodisch-didaktische (für den schulischen Unterricht, die gemeindliche Katechese, die verschiedenen Bereiche theologischer Erwachsenenbildung) und rhetorische Fähigkeiten (für Predigt und Vortrag) angeeignet. Ihnen sollte als »Profis« der Umgang mit den blinden Flecken, eigenen Defiziten und Grenzen vertraut sein, und sie sollten Gesprächsführungskenntnisse und Kenntnisse in humanistischer Psychologie mitbringen.

Hauptamtliche SeelsorgerInnen bringen ihre Professionalität in die Hospizarbeit ein. Professionalität kann nie das persönliche und gemeinsame Engagement der Gläubigen ersetzen! Ein wichtiges Kriterium für die Unterscheidung zwischen der grundsätzlichen Befähigung zur spirituellen Begleitung aller und der spezifischen Professionalität von (hauptamtlicher) Seelsorge ist die Beauftragung, die von der Kirche und/oder vom Träger des Hospizes ausdrücklich übertragene Zuständigkeit und Verantwortlichkeit für geistliche Lebensbegleitung. Sie ist Ergänzung und, wo nötig, Erweiterung der allgemeinen spirituellen Begleitung.

Allen gemeinsam ist, dass Seelsorge Ausdruck *meiner* Seele ist, die sich um andere sorgt, also auch Ausdruck eigenen Glaubens, eigener Hoffnung und eigener Liebe. So sind wir also letztlich als Laien und Geweihte, als theologische Fachleute und Nicht-Fachleute, als FrömmigkeitsexpertInnen und Randständige immer wieder aufeinander verwiesen!

Meditation vor einer Begegnung

Ich gehe jetzt zu einem Menschen, der mir bisher völlig fremd ist (oder: »der mir noch sehr fremd ist« oder: »mit dem ich keinen Alltag geteilt habe, der nicht zu meinem alltäglichen Leben gehört«).

Ich weiß, dass er oder sie ein kranker Mensch ist. Die Krankheit und der gewiss nahende Tod hat ihn oder sie verändert.

Wir beide sind sterblich. Aber so, wie es jetzt aussieht, werde ich leben, wenn dieser Mensch stirbt.

In Ehrfurcht will ich seiner Fremdheit begegnen.

In Ehrfurcht will ich seinen Abschieden begegnen.

In Ehrfurcht will ich seinem Sosein begegnen.

Ich weiß nicht genau, was mich heute erwartet.

Ich weiß nicht, worüber wir sprechen werden.

Ich weiß nicht, was dem oder der anderen gut tut.

Ich möchte mich öffnen für diese Begegnung, die vor mir liegt.

Ich möchte meine Meinungen und Einstellungen, meine Wünsche und Erfahrungen in den Hintergrund stellen, wenn ich mich diesem Menschen zuwende.

Deshalb wende ich mich hier und jetzt meinen Ängsten zu, meinen Befürchtungen und Sehnsüchten: Wie geht es mir heute? Was war an diesem Tag schon alles los? Was spüre ich in mir, von mir? Wie geht es mir vor dieser Begegnung? Welche Gedanken sind in mir? Welche Gefühle? (und wenn Sie schon einmal bei dem Kranken waren: Welche Gerüche kommen mir in den Sinn? Was von dem, was ich bereits gehört und gesehen habe? Und wie geht es mir damit, was lösen die Erinnerungen bei mir aus?)

Heute ist ein neuer, ein anderer Tag. Ich nehme mich und alles, was in mir lebt, mit. Und ich lasse es gleichzeitig ein Stück in den Hintergrund treten. Jetzt bin ich da mit dem Mut und der inneren Kraft, die mich trägt, mit dem Wunsch, dem Anderen, seinen Wünschen und Erfahrungen, seiner Stimmung und seinen Gedanken, seinem Dasein Raum zu geben, mit der Zuversicht, dass mein

Dasein für den anderen wichtig sein kann, mit der Offenheit, die Situation gemeinsam so zu gestalten, dass sie uns beiden zum Leben dient.

Ich möchte voller Achtung sein, dem Schicksal des anderen gegenüber. Er oder sie soll die Situation bestimmen dürfen, in die ich jetzt hineingehe.

Begleitung heißt: Ich gehe auf dem Weg des oder der anderen mit, wenn und soweit der oder die andere mich dabei haben will. Dazu mache ich mich jetzt auf.

Nach einer Begegnung

Lassen Sie noch einmal vor Ihrem Inneren Revue passieren, was war: Was habe ich gesehen und gehört, gerochen und gefühlt? Hat die Situation einen Nach- oder Beigeschmack? Liegt mir noch etwas auf dem Herzen? Sind mir Sätze hängen geblieben, die ich oder die andere Person gesagt haben? Rumort noch etwas in mir?

Nach einem Moment des stillen Nachdenkens und Nachspürens versuchen Sie sich aus der Begegnung zu entlassen: das Gute, das Sie erlebt haben, darf noch einmal nachklingen, aber auch die Versäumnisse und das Unvermögen und Nicht-Verstehen haben jetzt noch einmal Raum.

Sie geben sich selbst und die andere Person, die Sie jetzt äußerlich zurücklassen, ab an Gott, der Sie beide trägt und umfasst.

Vielleicht können Sie Ihren Dank für die Begegnung, Ihre Bitten für sich und die andere(n) in Worte fassen; vielleicht finden Sie ein persönliches Ritual, mit dem Sie das Erlebte loslassen können, wie z.B. ein Licht für den Kranken oder Angehörigen entzünden, einen Stein an einer bestimmten Stelle ablegen u.Ä.

Thomas Meurer

Den Abschied moderieren, den Trauerweg eröffnen

Als HospizmitarbeiterIn trauernde Angehörige begleiten

Die Pflegerin hat Stephan gewaschen, die Haare gekämmt und seine Hände zusammengelegt. Sie hat die kleine Kerze auf dem Nachttisch angezündet, auf Stephans unter einem weißen Betttuch verborgene Beine eine rote Rose gelegt. Am Bett stehen Stephans Frau, die 14-jährige Tochter und ihr Opa, Stephans Vater. Vor etwas über einer Stunde ist Stephan gestorben. »Friedlich eingeschlafen«, wie der Arzt gesagt hat, – nach einem langen Sterbeweg.

Im Hospiz – bzw. für HospizmitarbeiterInnen – eine nahezu alltägliche Szene. Die »Darsteller« wechseln, die Umstände verändern sich, die Situation aber bleibt dieselbe: ein Leben ist an sein Ende gekommen, die nächsten Angehörigen werden gerufen oder sind schon Zeugen der letzten Lebensminuten geworden. Und Sie als (ehrenamtliche/r) MitarbeiterIn sind mittendrin. Vielleicht sind Sie schon über einen bestimmten Zeitraum hin mit dem/der Verstorbenen und dessen Angehörigen vertraut, vielleicht treffen Sie aber auch jetzt zum ersten Mal mit den Angehörigen zusammen. Was ist jetzt Ihre Aufgabe? Wie sollen Sie sich verhalten? Was ist zu tun?

Grenzen wahrnehmen

Um die Angehörigen des verstorbenen Menschen in der Stunde des Abschieds am Sterbebett hilfreich begleiten zu können, ist es unabdingbar, sich der Grenzen der Situation bewusst zu werden. Ihre ebenso schwierige wie einfache Aufgabe besteht darin, nur da zu sein, ein Gespür dafür zu entwickeln, wann und wie Sie jetzt als Ansprechpartner/in gefragt sind und wo es besser wäre, sich zurückzuhalten und den Angehörigen und ihren Bedürfnissen Raum zu geben.

Zum einen erwartet man von Ihnen als der immer noch fremden und nicht in gleicher Weise betroffenen Person die Fähigkeit, die

Situation zu strukturieren, dem unfassbaren Augenblick eine Fassung zu geben. Zum anderen aber bleiben Sie als Zeuge dieses sehr intimen Augenblicks des Abschieds immer ein/e Außenstehende/r, von der/dem auch Zurückhaltung erwartet wird.

Auch wenn die Angehörigen schon über einen längeren Zeitraum die Möglichkeit hatten, sich auf den letzten Abschied einzustellen, so erleben sie die Sterbestunde doch als einen zutiefst verunsichernden Augenblick. Der befürchtete endgültige Abschied – jetzt ist er Wirklichkeit geworden. Die äußere Veränderung hat unmittelbare Auswirkungen auf das innere Erleben der Angehörigen: »Unwirklich« – so nennen viele diesen Moment. Die äußere Wirklichkeit des unabänderlichen Abschieds ist noch nicht zu einer inneren Wirklichkeit, zu einem inneren Wissen geworden. Für den weiteren Verlauf des Trauerwegs der Angehörigen wird es wichtig werden, was in diesen Augenblicken geschieht und wie sehr der Abschied greifbar und begreifbar werden wird.

Moderator und Zeuge des Abschieds werden

Im Sterbezimmer haben BegleiterInnen die Aufgabe, die Situation zu »moderieren«. Zunächst kann es sein, dass sie sich schlicht zurückziehen, weil dieser Moment intim, der Abschied innig, gefühlsintensiv und persönlich ausgelebt wird. Manchmal ist es für die Betroffenen hilfreich zu fragen: »Möchten Sie jetzt eine Zeit allein sein oder soll ich hier im Hintergrund bei Ihnen bleiben?«

In manch einer Situation wird es angemessen sein, dazu einzuladen, den toten Körper zu berühren, den Übergang vom warmen Leib zur marmor-wächsernen Kühle des Leichnams zu erfassen und zu spüren, wie das Leben aus ihm weicht. Oft ist es Angehörigen und Freunden nur möglich, die Kleidung anzufassen; manchmal ist das der erste Schritt, sich auch zu trauen, die Haut zu berühren.

Wichtig ist in dieser Situation nicht nur, dass Sie die sinnliche Erfahrung des Abschieds empfehlen, sondern auch, dass Sie diese Erfahrung für die Angehörigen und mit ihnen zur Sprache bringen. Dann kann es zum Beispiel hilfreich sein, zu beschreiben, was Sie gerade sehen, und auch einfühlsam zu erklären, was in den nächsten Stunden mit dem Körper passiert, welche Veränderungen vor sich gehen und wie lange die Angehörigen Zeit haben, bei ihren/ihrer Lieben zu bleiben.

Für die Angehörigen und ihren Weg durch die Trauer ist es wichtig, buchstäblich zu begreifen, dass der geliebte Mensch nicht mehr in der gewohnten Weise da ist, dass sein Körper sich verändert (hat) und nicht mehr hier behalten werden kann.

Auch die sich unmittelbar stellenden Fragen und Empfindungen sollen jetzt ihren Raum haben: Warum mein Vater? Meine Mutter? Mein Partner? Meine Partnerin? Tausend Fragen und keine Antworten! Ihre Aufgabe könnte jetzt sein, auf einen Antwortversuch zu verzichten und die Spannung des Augenblicks auszuhalten. Keine frommen Sprüche und keine noch so gut gemeinten Trostworte, sondern ein offenes Ohr, jemand, der die Schwere des Augenblicks, die tiefe Traurigkeit über den unabänderlichen Abschied *bestätigt* – das ist jetzt gefragt. Sie als Begleitende werden zum Zeugen bzw. zur Zeugin des schweren Schicksals, das die Angehörigen mit dem Tod des geliebten Menschen getroffen hat. Und die Katastrophe wird zu einer Realität, die verarbeitet werden kann, da es Zeugen gibt, mit denen später über das Erlebte geredet werden kann.

Nichts anderes ist gefragt als die schwierig-leichte Aufgabe des bloßen mitmenschlichen Da-Seins – mit ganzem Herzen, mit ganzer Seele und mit aller Kraft!

Trauer und Abschied einen Ausdruck geben

Trauernde suchen oft nach Formulierungshilfen, die ihre Trauer angemessen ins Wort bringen und dem Schmerz eine Stimme geben. Das gilt in besonderer Weise für die Sterbestunde und unmittelbar nach Eintritt des Todes. Die als Schock erlebte Situation kann sich nur auflösen, wenn es für die Angehörigen eine Möglichkeit gibt, das innere Erleben auszusprechen, es sich buchstäblich von der Seele zu reden, egal, wie ungeordnet und für den Augenblick unpassend es auch immer sein mag. Es gibt einen eigenartigen Zusammenhang zwischen der Unaussprechlichkeit des Erlebten und Empfundenen auf der einen und der Notwendigkeit, sich auszusprechen, auf der anderen Seite.

Es kommt nicht darauf an, welche Antworten ich als BegleiterIn bieten kann, sondern darauf, dass die Betroffenen sich entlasten, indem sie sich – ohne bewertet zu werden – aussprechen können.

Andererseits hören sich die Angehörigen, so paradox das klingen mag, selber zu und organisieren auf diese Weise den erlebten Abschied in ihrem Inneren sozusagen »in Eigenregie«.

Aber – werden Sie fragen – wie soll ich das machen? Was bedeutet das konkret? Trauernden fehlen oft die Worte, um auszudrücken, was in ihnen vorgeht. Zwar fällt es ihnen sehr leicht, Daten und Hintergründe über den Verstorbenen und seinen Tod immer und überall zu wiederholen. Damit erzählen sie sich letzten Endes immer wieder nur selber, was geschehen ist. Sie versichern sich der Wirklichkeit und versuchen so, sich das Unabänderliche anzueignen – wie man sich Vokabeln aneignet.

Die Innenseite des Geschehens: *dem* Ausdruck zu geben, was der Tod und der Abschied im Inneren angerichtet hat – das fällt wesentlich schwerer. Tränen zulassen; der Klage und Verzweiflung, dem Verlust und der Leere eine Stimme zu verleihen.

Sie könnten vielleicht fragen, wie es ist, die bzw. den Verstorbene/n noch einmal anzufassen, zu spüren, dass das Leben aus seinem Körper weicht (oder gewichen ist). Oder Sie laden dazu ein, von bestimmten Körperteilen mit einer zärtlichen Geste Abschied zu nehmen: noch einmal liebevoll über den Kopf der bzw. des Verstorbenen streichen, mit dem Finger zärtlich über den Handrücken streicheln, an der Wange entlang fahren und die Hand eine Zeit lang auf dem Unterarm ruhen lassen ... Es kann für die Angehörigen auch eine Hilfe sein, dazu noch einmal zu erzählen, was sie an ihrer bzw. ihrem Verstorbenen zu Lebzeiten besonders gemocht haben. Das Bedrückende dieser Abschiedsstunde ist ja gerade, dass der geliebte und gern gesehene Körper plötzlich in eine apathische Teilnahmslosigkeit verfällt, sich die Lebendigkeit (selbst des vorangegangenen Leidens) buchstäblich in die Starrheit des Todes verkehrt.

Eine Trauerbegleitung ist dann hilfreich, wenn es ihr gelingt, dazu beizutragen, Gefühle nicht nur wahrzunehmen, sondern ihnen auch Ausdruck zu verleihen. Gerade wenn Sie mit den Angehörigen eines im Hospiz verstorbenen Menschen über längere Zeit (auch auf dem vielleicht langen Weg zum Tode hin) im Gespräch sind, dürfen Sie sie getrost ermutigen, Gefühle auszudrücken, und vielleicht sogar die Wahrnehmung der Gefühle lenken.

Den Augenblick des Abschieds erleben helfen

In früheren Modellen zur Trauerbegleitung spielte der Gedanke eine zentrale Rolle, dass andere Völker und Kulturen nicht in gleichem Maße an unserer vielbeschworenen »Unfähigkeit zu trauern« leiden, weil sie schon unmittelbar nach Eintritt des Todes auf Rituale zurückgreifen können, die es ermöglichen, Gefühle der Trauer buchstäblich »herauszulassen«. Diese Rituale hätten sogar oft eine bewusst überzeichnende Inszenierung, um die Schleusen zu öffnen, hinter denen sich Tränen, Abschiedsschmerz und Klage anstauen. Bis heute ist dies in vielen orientalischen Ländern die Funktion der Klageweiber: Sie inszenieren einen Rahmen, in dem die Angehörigen ihr Bedürfnis, laut zu weinen und sich in ihrer Trauer gehen zu lassen, als etwas völlig Normales empfinden.

In gewisser Weise übernehmen Sie als BegleiterIn am Totenbett für die Angehörigen eine solche Funktion. Sie sind Außenstehende(r). Sie stehen gleichsam für die Außenwelt und »erlauben« die vielleicht ureigenste Form der Angehörigen, Abschied zu nehmen. Sie sind Augen- und Ohrenzeuge eines sehr intimen Moments!

Im Abschiedsmoment packen Angehörige / Nahestehende gleichsam die Koffer für ihren Trauerweg – und es wird unterwegs entscheidend sein, was sie da alles eingepackt bzw. was sie einzupacken vergessen haben. Was bedeutet das für die Begleitung? Begleitung ermöglicht den Nahestehenden in dieser schwierigen und begrenzten Situation, den eigenen Trauerweg zu beginnen, indem Sie das Bewusstsein der Trauernden für das, was im Augenblick ist, stärken. Das kann sein, die Würde des Augenblicks miteinander in Stille wahrzunehmen. Das kann sein, darüber zu sprechen, es geschafft zu haben, dabei zu bleiben. Das kann sein, die Trauer zu äußern, im Moment des Sterbens nicht dabei gewesen zu sein. Das kann auch sein, die Gefühle zu bestärken.

Vielleicht gehört dazu, zunächst zu erspüren, was in mir (als Außenstehender/m), was im Raum gegenwärtig ist. Dann kommen vielleicht Einladungen an die eigentlich Betroffenen in den Sinn, wie: »Lassen Sie Ihre Gefühle zu, geben Sie ihnen Raum!«, »Versuchen Sie, zu spüren, wonach Ihnen jetzt im Moment ist!«, »Geben Sie dem, was im Moment in Ihnen vorgeht, einen Ausdruck!«

Ebenso wichtig wie diese Wahrnehmung der inneren Realität ist das Bewusstmachen der äußeren. Trauernde erleben alles wie in einem Film, den sie einerseits sehen und in dem sie andererseits mitspielen. Daher brauchen sie Unterstützung, die es ihnen ermöglicht, buchstäblich Kontakt aufzunehmen mit der Außenwelt, mit dem Geschehen. Es kann hilfreich sein, – vorsichtig – dazu anzuregen: »Fassen Sie Ihren Vater doch noch einmal an, legen Sie Ihre Hand auf seine Stirn, seinen Arm oder wo immer Sie wollen …!«, »Was riechen Sie im Moment in diesem Zimmer, in dem ihr Mann gestorben ist? Teilen Sie mir mit, was Sie riechen! Auch wenn es unangenehme Gerüche sind, nehmen Sie sie wahr!« – Eine therapeutische Richtung, die auch für die Trauerarbeit wichtige Impulse geben kann, die Gestaltarbeit, sieht es als ihr Hauptziel an, die »Awareness«, die Bewusstheit seiner selbst in jedem Augenblick, zu fördern. Erst diese Bewusstheit trage dazu bei, dass der Mensch wieder als ein Ganzer in Harmonie mit seiner Innen- und seiner Außenwelt zu leben vermöge.

Für Trauernde, die durch die Erfahrung des Abschieds völlig »zerfasert«, »zersplittert« sind, lautet ein wichtiges Ziel: die einzelnen Teile der eigenen Person wieder so zusammenfügen zu können, dass eine Harmonie von äußerem und innerem Erleben möglich wird. »Verortung« der Trauernden inmitten der Ortlosigkeit, die Trauernde erleben, der inneren wie äußeren Heimatlosigkeit, der zusammengebrochenen Lebenswelt.

Bewusstsein für die innere und äußere Situation fördern

Mit ein paar Hinweisen will ich aufzeigen, wie Sie die Bewusstheit für die Außenwelt des Sterbezimmers oder in Hospizen auch des Aufbahrungszimmers und die Innenwelt der Empfindungen fördern können. Das sollen keineswegs Rezepte sein, sondern Anregungen und Hilfestellungen.

- Sie können aufmerksam machen auf das, was Ihnen an Verhaltensweisen und Körperreaktionen auffällt (»Ich sehe, dass Ihnen die Tränen in die Augen treten!«, »Sie stehen ganz gebeugt da!«, »Mir fällt auf, dass Sie immerzu Ihre Finger kneten.« etc.) – Indem Sie darauf aufmerksam machen, regen Sie Nahestehende dazu an, den Blick wieder auf sich selbst zu richten, zu spüren, was in ihnen geschieht. Und zugleich laden Sie dazu ein, auszusprechen, was der Körper in seiner Sprache unbewusst vorsagt.

- Manchmal kann es gut sein, bestimmte Gefühle, Gedanken oder Sätze zu wiederholen, die Angehörige vielleicht so ganz nebenbei gesagt haben. Angehörige sagen z. B.: »Nun müssen wir auseinander gehen, Gerd!«, »Wer hätte gedacht, dass es mal so schnell gehen würde?«, »Sie hätte doch so gern noch gelebt …«, »Das hättest du dir vor einem Jahr auch nicht vorgestellt, Petra, was?« etc. Solche Sätze werden möglicherweise sehr schnell und unbewusst geäußert, können aber wichtige Aspekte der (künftigen) Trauer ausdrücken. Sie als Begleitende könnten zurückhaltend dazu einladen: »Wiederholen Sie das noch einmal, was Sie gerade gesagt haben!« – Indem Sie das tun, machen Sie den beiläufig gesagten Satz für die Angehörigen hörbar, er prägt sich ein, und es beginnt ein Nachdenken darüber, was damit eigentlich gesagt ist. Oder sie könnten den Satz noch einmal aus der »Außenperspektive« sagen: »Sie beide müssen jetzt auseinander gehen.« »So schnell ist alles gegangen – unfassbar schnell.«
- Sie dürfen auch dazu einladen, Äußerungen zu verstärken. Sie sehen zum Beispiel, wie jemandem die Tränen in die Augen treten und können ihn ermutigen: »Lassen Sie Ihren Tränen ruhig freien Lauf! Weinen Sie!«
- Wenn beispielsweise ein Angehöriger mit Blick auf den Verstorbenen leise sagt: »Warum konnte er denn nicht noch ein wenig bei uns bleiben?«, können Sie ihn bitten: »Sprechen Sie diesen Satz doch noch einmal etwas deutlicher und stärker aus. Übertreiben Sie es ruhig! Ihre Frage kann jeder hören.« Natürlich dürfen auch sie selber keine Angst davor haben, dass jemand wirklich laut und gefühlsbetont spricht. Und Sie dürfen keine Angst davor haben, dass die zweimal oder dreimal laut wiederholte Frage dazu führt, dass der Angehörige zu weinen beginnt. Denn das wird sicherlich geschehen, und es ist gut, dass das geschieht.
- Gerade männliche Angehörige neigen dazu, am Totenbett schon planen und erledigen zu wollen, was organisiert werden muss. Aber auch viele Frauen stehen ihnen darin in nichts

nach. Nicht selten ist dieser »Organisationsdrang« auch ein Versuch, die bedrückende Situation des Abschieds nicht zu sehr an sich heranzulassen, nicht spüren zu müssen, was sich einstellt, würde man sich auf die ganze Schwere dieses Augenblicks und seine ganze Ohnmacht einlassen. Als HospizmitarbeiterIn liegt vielleicht Ihre Hauptaufgabe darin, diesen »Organisationsdrang« zu entschleunigen und dazu aufzufordern, die (ohne Zweifel widersprüchlichen!) Gefühle dieses Augenblicks auszuhalten. Sie tun damit ganz wenig und doch für den Betroffenen unendlich viel: Sie helfen ihm, einen der wichtigsten Augenblicke in seiner Geschichte mit dem soeben verstorbenen Menschen zu gestalten. »Versuchen Sie, die Situation des Abschieds auszuhalten. Laufen Sie nicht vor diesem Augenblick und vor sich selbst davon!«

- Ermutigung, den Abschied auszuhalten, braucht dabei nicht nur Worte. Die beste Ermutigung, auszuhalten, hinzuschauen und die Gefühle, die sich einstellen, wahrzunehmen, liegt darin, auch körperlich eine Stütze zu sein. Gerade für Angehörige, die ganz allein am Totenbett stehen, kann es eine Hilfe sein, in angemessener Weise in Körperkontakt zu treten. Oft ist es schon hilfreich, wenn Sie nur sehr dicht bei jemand stehen oder sitzen, ihm damit also »Rückendeckung« geben.

Wichtiger als alle vorgefassten Ideen ist in der Begleitung der Trauernden eine Haltung, die versucht, in jedem Augenblick Kontakt zu halten, sich auf das Gefühlsleben des Gegenübers einzustellen und Sensoren dafür auszubilden, was von Augenblick zu Augenblick »dran ist«.

Begleitung trauernder Menschen ist nicht erlernbar wie eine Fremdsprache oder irgendein Gymnastikprogramm. Unausweichlich ist wohl vor allem, dass derjenige, der Trauernde begleitet, sich auf den Weg machen sollte, seiner eigenen Trauer nachzugehen. Nur wer sich mit seiner eigenen Trauerlandschaft auseinander gesetzt hat, ist auch in der Lage, anderen in ihrer Trauer ein offenes Ohr und eine Heimat zu schenken. Trauernde haben ein feines Gespür dafür, ob diejenigen, denen sie sich anvertrauen, ihre eigenen Erfahrungen mit Tod und Trauer gemacht haben. In der Trauerbegleitung helfen dementsprechend Masken herzlich wenig. Erst wenn ich mich als der zeige, der ich bin (mit meinen Empfindungen, meinem Mitgefühl, aber auch meinem Unverständnis und fehlenden Einfühlungsvermögen!), kann ich Kontakt aufbauen zu einem Menschen, dem etwas ganz Wichtiges genommen wurde und dessen Welt in Trümmern liegt.

Verlassen Sie sich im Zweifelsfall und in schwierigen Momenten der Begleitung auf Ihren gesunden Menschenverstand. Tun Sie das, von dem Sie glauben, dass es in den Augenblick und die Situation passt. In der unsicheren Landschaft der Begleitung eines trauernden Menschen ist der beste Kompass der, sich zu fragen, ob es mir in einer vergleichbaren Situation als Hilfe erscheinen würde.

Zu den einfachen Momenten zwischenmenschlicher Nähe gehört zuweilen auch, über die aktuelle Situation hinaus Kontakt anzubieten und den weiteren Weg zu begleiten. Von vielen Trauernden weiß ich, dass sie sich wünschen (und es sehr positiv aufgenommen haben), dass derjenige, der sie im Augenblick des Abschieds begleitet hat, zu einem späteren Zeitpunkt (nach sechs Wochen oder zum ersten Jahrestag) noch einmal Kontakt mit ihnen aufnimmt. Trauernde erleben das als Interesse an ihrem Weg, als eine Art »Gedächtnisgemeinschaft«. Es ermöglicht zudem auch, noch einmal über die bzw. den Verstorbene(n) und die mit Gefühlen und Empfindungen beladene Abschiedssituation ins Gespräch zu kommen.

Für viele in der Trauerbegleitung Tätige ist es üblich geworden, zum ersten Todestag den Angehörigen ein kleines Zeichen in Form eines Briefes oder einer Postkarte zukommen zu lassen. Das zeigt: ich denke an Sie und an die Stunden, in denen ich Sie begleiten durfte. Wenn sich aus diesem kleinen Zeichen ein weiterer Kontakt oder ein weiteres Gespräch ergibt – umso besser!

Worum es in der Trauerbegleitung geht, lässt sich wohl immer noch am ehesten in die drei Grundsätze fassen, die Carl Rogers für seine personzentrierten Gespräche formuliert hat: Echtheit, einfühlendes Verstehen und Annahme. Nur wenn ich wirklich ich selber bin, wenn ich meine Gefühle ernsthaft wahrnehme und bereit bin, sie auch zu äußern, kann ich andere Menschen so annehmen, wie sie sind, und ihnen einfühlend begegnen. Eine jüdische Weisheit erzählt, dass Rabbi Susja im Himmel nicht gefragt werden wird, warum er nicht Abraham oder Mose gewesen sei. Der Himmel würde ihn vielmehr fragen, warum er nicht Susja gewesen sei. Auch Angehörige derer, die im Hospiz versterben, werden Sie nicht fragen, warum Sie nicht diese oder jener gewesen sind. Wohl aber werden sie erwarten, in Ihnen einem Menschen zu begegnen, der sie als der Mensch, der er ist, in aller Einfachheit und Begrenztheit begleitet.

Zum Autor:
Dr. Thomas Meurer; wissenschaftlicher Assistent am Lehrstuhl für Exegese des Alten Testaments der Universität Münster; Trauerberater; lebt in Münster.

Ida Lamp

Verstorbene geleiten – hospizlich Abschied nehmen

Jedes Hospiz, jeder Hospizverein entwickelt nach und nach Formen des Abschieds von einem Verstorbenen. Gemeinsam ist allen das Bemühen, der unverlierbaren Würde des Menschen Ausdruck zu verleihen, den Angehörigen (und sich selbst!) Formen für die Chaos-Situation des Todes zu vermitteln.

Hilfreiches aus der Praxis sei hier aufgelistet. Dabei wird vieles für eine stationäre Einrichtung gelten, aber manches auch auf die Sterbesituation zu Hause übertragbar sein:

Nachdem ein Mensch zum letzten Mal ausgeatmet hat, ist es gut, der tiefen, berührenden Stille ihren Raum zu lassen. In den ersten Minuten nach Eintritt des Todes geschieht am besten erst einmal nichts.

Sind die Angehörigen nicht da, so werden sie natürlich möglichst umgehend informiert. Wenn Körperflüssigkeiten beim Verstorbenen ausgetreten sind, werden sie entfernt oder abgedeckt, bis die Angehörigen ihn oder sie gesehen haben und sich verabschieden konnten.

Wenn Angehörige kommen, werden sie von jemandem in Empfang genommen. Sie werden darauf eingestimmt, was sie jetzt sehen (und riechen) werden. Es wird mit ihnen besprochen, ob sie allein oder in Begleitung den Verstorbenen aufsuchen möchten.

Im Franziskus-Hospiz Hochdahl wird nach einer Zeit (zusammen mit den Angehörigen oder an ihrer Stelle) im Sterbezimmer und im »Raum der Stille« ein Öllämpchen oder eine Kerze angezündet.

Ein anderes Ritual im Franziskus-Hospiz Hochdahl: Zeitnah wird im »Raum der Stille« ein Kärtchen mit dem Namen und dem Todestag aufgestellt, das meist Angehörige schreiben. (Auch der ambulante Dienst gedenkt so im Hospiz-Zentrum der Verstorbenen.) Das Öllämpchen bleibt zusammen mit dem Kärtchen bis zum Tag der Beerdigung im »Raum der Stille« stehen.

In anderen Hospizen wird beispielsweise ein Stein mit dem Namen des Toten beschrieben und niedergelegt, ein Handabdruck genommen und an einer Gedenkstelle aufgeklebt. In manchen Kirchen ist es möglich geworden, an einer ausgewiesenen Stelle solches Gedenken zu halten: das »Totenbildchen« an einem großen Netz zu befestigen, ein kleines Papierkreuz mit dem Namen des Verstorbenen zu beschreiben und zu einem Leidens-Christus zu legen, ein Licht im nächsten Sonntagsgottesdienst vor dem Altar aufzustellen und Ähnliches mehr.

Manche Angehörige legen persönliche Gegenstände, Blumen oder Fotos auf das Bett des Toten. Es ist gut, zu solchen Gesten zu ermutigen. Wenn jemand zum Beispiel immer ein Plüschtier bei sich hatte, warum soll er es jetzt nicht in seinen Armen halten?

Nach einer Zeit kann man die Utensilien von Krankheit und Pflege aus dem Zimmer räumen – das signalisiert, dass diese Zeit vorbei ist. Mit den Angehörigen sollte dann abgesprochen werden, was nun geschieht: Soll es eine letzte Wäsche geben? Welche Kleidung soll angezogen werden? Möchten sich Angehörige einbringen oder zuschauen oder in einem anderen Zimmer warten? Meist wird der Körper des Verstorbenen (gemeinsam mit einem Angehörigen) gewaschen, neu angezogen und gebettet. Viele wünschen sich, ein Lieblingskleidungsstück zu tragen, dass sie schon vorher bestimmt haben – oft auch haben Angehörige davon ganz konkrete Vorstellungen, wenn man sie fragt.

Auf den Nachttisch der Verstorbenen stellen Angehörige einen Blumenstrauß, Fotos von ihm oder ihr nahe stehenden Menschen, Gegenstände von symbolischem Wert. Für manchen ist es eine Unterstützung, auf solche Möglichkeiten hinzuweisen!

Verstorbene dürfen – diese Zeiten sind in den verschiedenen Bundesländern unterschiedlich geregelt – zu Hause oder im stationären Hospiz (selbstverständlich auch in Pflegeheimen und Krankenhäusern) eine Zeit lang aufgebahrt werden, in Nordrhein-Westfalen 36 Stunden. Manche Verstorbene, die im Krankenhaus oder Altenheim sterben, wollen noch einmal in ihrer Wohnung (vor allem, wenn sie das Haus selbst erbaut oder mühsam erspart haben!) aufgebahrt werden. Das ist nicht mit übermäßig hohen Kosten verbunden – und es ist gut, darüber Auskunft geben zu können, dass dies erlaubt ist. Der Bestatter vor Ort informiert in der Regel gerne darüber.

Ein eigener Ort für die Aufbahrung kann einen Übergang auf dem Weg zur Beerdigung markieren. In stationären Hospizen gibt es – wie gesagt – meist einen (kühlbaren) Aufbahrungs- und Verabschiedungsraum, der eine angemessene Atmosphäre hat. Auch Krankenhäuser und Pflegeheime gehen zunehmend dazu über, solche Räume zu gestalten.

Die Pflegekräfte, die ehrenamtlichen Begleiterinnen und Begleiter, die Reinigungsfrauen, das Küchenpersonal und alle, die mit dem Verstorbenen zu tun hatten, sollen die Gelegenheit haben, in stillen Minuten zu ihm zu gehen, sich ans Bett bzw. an den Sarg zu setzen oder zu stellen und sich zu verabschieden (es sei denn, ein Verstorbener hat das ausdrücklich nicht gewollt). Manch einer nutzt diese Zeit der inneren Zwiesprache, sich an das Gute und Einzigartige dieses Menschen zu erinnern, an gemeinsame Gespräche und Erlebnisse zu denken oder auch um Vergebung zu bitten, für das, was er ihm/ihr schuldig geblieben ist.

Das Leben des oder der Verstorbenen, die Person klingen nach: Es ist gut, gemeinsam mit Angehörigen auch am Sterbebett noch Erinnerungen austauschen zu können, den Raum zu erspüren, den er oder sie im Leben eingenommen hat, die Bedeutung, die er für die Weggefährten (auch die der letzten Tage und Wochen) hatte.

Mit denen, die das wünschen, beten Begleiterinnen und Begleiter gemeinsam. Neben einem gemeinsamen Gebet direkt nach Eintritt des Todes kann es auch eine gemeinsame Verabschiedung des Sarges aus der Wohnung/dem Haus geben. Auch die Seelsorgerinnen und Seelsorger der Gemeinden sind daraufhin ansprechbar, dem Abschied Gestalt zu geben.

In manchen Hospizen gibt es Abschiedsbücher, die helfen, die Erinnerung nicht zu verlieren: Jede Seite erzählt mit einem Foto, den Lebensdaten und einem Text von einem Menschen, der im Hospiz gelebt hat oder von Ehrenamtlichen begleitet wurde. In anderen werden die Namen sowie Geburts- und Sterbedaten in ein »Buch des Lebens« eingetragen.

Schön ist es, wenn der Sarg aus dem Haus geleitet wird. Angehörige sind oft sehr froh, wenn ihnen andere bei der Gestaltung dieser Schritte helfen. (Das klärt man am besten vorher im Gespräch!)

Viele Hospize feiern einmal im Jahr eine gemeinsame Gedächtnisfeier, zu der Angehörige und Freunde der Menschen, die von den Hospizmitarbeiterinnen und -mitarbeitern begleitet wurden, eingeladen werden.

Lesetipps:
Klaus Rix/Edmund Grümmer, Was tun im Todesfall? Ein praktischer Ratgeber, Gütersloh 1999.
Zu Hause sterben. Hilfen für Betroffene und Angehörige in Rheinland-Pfalz. Hrsg. von der LAG Hospiz Rheinland-Pfalz, Holzhostr. 8, 55116 Mainz.

Ida Lamp und Catrina E. Schneider

Trauerbegleitung als hospizlicher Auftrag

Hospizbewegung ohne Trauergeleit ist ein Unding. Glauben Sie mir, Trauergeleit ist oft schwerer, als Sterbende zu begleiten.

Heinrich Pera

Hospizliche Begleitung endet nicht mit dem Tod und der Beerdigung des Verstorbenen. Da, wo Menschen das möchten, sind ehren- und hauptamtliche MitarbeiterInnen im Rahmen ihrer Möglichkeiten und ihres jeweiligen Auftrags bereit, die Angehörigen auch als Hinterbliebene, als Trauernde zu begleiten.

Der Trauer wird gesellschaftlich eine feste Zeit zugestanden: Bis zur Beerdigung und eine (kurze) Zeit danach wird der oder die Trauernde geschützt. Trauer lässt sich aber nicht in ein solches zeitliches Korsett bringen. Die Zeit und die Form, die die Trauerarbeit braucht, sind sehr individuell und unterschiedlich. Der trauernde Mensch hat nicht nur den Verlust eines anderen Menschen zu »betrauern«, sondern muss auch von der Zeit der oft intensiven Pflege, des persönlichen Gebrauchtwerdens und der Tagesstruktur Abschied nehmen. Er muss vielleicht Abschied nehmen von der gemeinsamen Wohnung, von Kleidungsstücken, von persönlichen Gegenständen. Er muss manchmal sogar von einem bestimmten Lebensstandard, von Freunden und Bekannten, von lieb gewordenen Gewohnheiten und Ritualen Abschied nehmen. Und er muss unter Umständen Aufgaben übernehmen und erlernen, die er oder sie vorher nicht wahrgenommen hat.

Einem großen Teil der Menschen gelingt es gut und ohne Unterstützung von fremden (ehrenamtlich in der Trauerbegleitung engagierten) Menschen und auch ohne professionelle Hilfe (von PsychotherapeutInnen, SeelsorgerInnen u .a. m.), all diese Veränderungen zu bewältigen, zu verschmerzen und auch das Neue aktiv anzugehen und zu gestalten.

Anderen reicht ein einziges Gespräch, um sich orientieren zu können. Dabei ist es zum Beispiel hilfreich, die Erfahrungen der

Trauer akzeptierend wahrzunehmen und zu »normalisieren«. »Normalisieren«, das heißt, jemandem zu erklären, dass es zur »normalen« Trauer gehören kann, den Toten noch zu sehen, zu riechen, zu hören oder seinen Atem und seine Berührung noch zu spüren. Oder es heißt, jemandem zu sagen, dass es in Ordnung ist, wenn er auch nach sechs Wochen noch weint, in Löcher fällt, körperliche Beschwerden hat oder nicht schlafen kann. Viele Trauernde erzählen, dass sie nur noch bei Licht einschlafen oder durchschlafen können. Und es tut Trauernden gut, zu hören, dass das, was sie da erleben, auch andere kennen, dass es »normal« ist und dass diese »Trauersymptome« meist nach einiger Zeit von selber verschwinden.

Trauer ist keine Krankheit und muss – meistens – nicht medikamentös behandelt werden. Für viele ist das eine große Erleichterung, wenn sie das hören.

Sie können die Trauer eines anderen nicht dadurch verstärken oder vertiefen, dass Sie sie wahrnehmen und die Ausdrucksformen der Trauer bestätigen. Trauernde vermissen oft am meisten den Raum für ihre Trauer, der ihnen schon nach wenigen Wochen verwehrt wird! Ehren- und hauptamtliche Mitarbeiterinnen und Mitarbeiter können solche Räume anbieten und mitgestalten wie Trittsteine im Fluss der Trauer. Das kann ein Anruf sein oder ein Besuch, ein offenes Trauercafé in den Räumen des Hospizvereins oder des stationären Hospizes (aber auch in Kirchengemeinden, Altenheimen etc.).

Das können aber auch Angebote für gleich Betroffene sein, also Trauergruppen für Verwitwete, verwaiste Eltern, trauernde Geschwister, Kinder usw. Die Formen dafür reichen von der offenen, begleiteten Gruppe bis hin zu Selbsthilfegruppen oder geleiteten Gruppen, die nicht (oder zumindest über einen Zeitraum hin nicht) für neue TeilnehmerInnen offen sind.

Trauer ist ein genauso großes Tabu-Thema wie Sterben und Tod. So kommt es, dass so viele – auch Profis – so wenig über Trauer, ihre Dauer, ihre Ausdrucksformen, ihre »Symptome«, ihren Verlauf, Rituale und Symbole der Trauer wissen. Da liegt noch immer ein großer hospizlicher Auftrag.

Da und dort beginnen Hospizinitiativen, sich dieses Auftrags bewusster zu werden, es entstehen spezielle Reflexions- und Vorbereitungsangebote für Ehrenamtliche (und Hauptamtliche) und es werden konkrete Angebote für Trauernde realisiert.

Dazu möchten wir besonders ermutigen!

TIPP:

• Broschüre »Die Zeit der Trauer. Eine Hilfe für Trauernde und Begleitende«, verfasst von Daniela Tausch-Flammer und Lis Bickel, gemeinsam veröffentlicht von und zu beziehen bei: Diakonisches Werk (Karlsruher Straße 11, 70771 Echterdingen) und Krebsverband Baden-Württemberg e.V. (Adalbert Stifter-Str. 105, 70429 Stuttgart).

• Befähigung Ehrenamtlicher zur Trauerbegleitung: Ein Modell des Hospiz in Frechen e.V., hrsg. von ALPHA Rheinland. Zu beziehen bei: Pallia Med Verlag, Von-Hompesch-Str. 1, 53123 Bonn.

Die Landesregierung Rheinland-Pfalz hat Trauerwege e.V. Mainz beauftragt ein Befähigungsprogramm für Ehrenamtliche im Hospizbereich zu entwickeln. Informationen bei: Trauerwege e.V. Mainz, Greiffenklaustr. 15, 55116 Mainz.

Nachklang

Hospiz – Begleitung im Leben

Wir teilen Leben
wenn du willst,
wenn ich will,
auch morgen noch.

Wir gehen miteinander
- auch dann, wenn die Tage
kürzer werden für dich
oder mich.

Wir teilen Fragen
und Hoffnung
Verzweiflung
und Mut.

Morgenstern im Herzen
und Grauen der Nacht
traumwandelnd manchmal
mit beiden Füßen auf der Erde

Wir zählen die Tage
nicht ohne Gewähr,
weil du ich sein könntest
und ich eines Tages wie du.

Ida Lamp

Anhang

Dachorganisationen der Hospizbewegung in Deutschland

OMEGA - Mit dem Sterben leben - e.V. wurde bereits 1985 von der Ärztin Dr. Petra Muschaweck in Hann. Münden initiiert und mitgegründet. Diese erste große Hospizinitiative Deutschlands versteht sich als eine überkonfessionelle, weltanschaulich ungebundene Solidargemeinschaft von Menschen, die sich ehrenamtlich und persönlich-unmittelbar für schwer kranke, sterbende Menschen und ihre trauernden Angehörigen einsetzen. Die Mitglieder des Vereins haben sich bundesweit in Regionalgruppen organisiert; sie sind jeweils vor Ort in der Begleitung von Sterbenden und ihren Angehörigen tätig.

OMEGA will ein Kontaktnetz von Anlaufstellen aufbauen, um der Vereinsamung von Menschen, die von tödlicher Krankheit betroffen sind, entgegenzuarbeiten. Der Verein teilt die Ziele der Hospizbewegung: die Lebensqualität von Sterbenskranken zu verbessern, damit sie in ihren letzten Wochen so bewusst und normal wie möglich leben können.

OMEGA, der letzte Buchstabe des griechischen Alphabets ist Name wie Programm des Vereins: Der Buchstabe sieht wie ein Torbogen aus – er symbolisiert das Tor, durch das am Ende seines Lebens jeder Mensch gehen muss.

Bundesgeschäftsstelle Omega e.V., Postfach 1407, 34334 Hann. Münden
Bürozeiten: werktags 9.00 h – 12.00 h / übrige Zeit = Anrufbeantworter
Telefon: 05541–4881 oder 05541–4076
E-mail:bundesbuero@omega-ev.de

Die **Internationale Gesellschaft für Sterbebegleitung und Lebensbeistand e.V.** (IGSL), 1986 auf Initiative des Mediziners Dr. Paul Becker in Limburg gegründet, arbeitet international, interdisziplinär und überkonfessionell.

Orientiert ist die IGSL an christlichen Grundwerten. Sie hat in Deutschland zur Zeit über 2500 Mitglieder in über 30 Regionalgruppen, um die Ziele der Sterbe- und Trauerbegleitung vor Ort zu verwirklichen. Das Netz der Regionalgruppen und Kooperationen dient der ambulanten Hospizarbeit vor Ort. Die IGSL unterstützt bei der Errichtung von Hospizen und Palliativstationen. In einem eigenen Hospiz-Bildungswerk, das 1990 in Bingen errichtet wurde, bietet die IGSL für Mitglieder wie Interessierte Aus- und Weiterbildung rund um Hospizthemen sowie Supervision von Menschen, die anderen Lebensbeistand bis zuletzt leisten. Die IGSL gibt preisgünstige Schriften heraus, um die Themen Sterben, Tod, Trauer, Willenserklärung, Organtransplantation und Palliativmedizin für die Öffentlichkeit darzustellen. Sie engagiert sich für eine Absicherung und Ausgestaltung der Hospizarbeit und der Palliative Care sowie für eine Anerkennung des Ehrenamtes.

Die IGSL stellt eine nach eigenen Angaben juristisch abgesicherte Willenserklärung mit Betreuungsverfügung zur Verfügung.

Die IGSL strebt an, die Themen Sterben, Tod, Trauer und Palliativpflege in die Ausbildung von Medizin-Studierenden, Pflegenden und Sozialarbeitern einzubringen. Sie hat auch zum Ziel, einen Beitrag zur Fortbildung von Ärzten im Rahmen der Palliativmedizin, insbesondere der Schmerztherapie, zu leisten.

Politisch versucht die IGSL zu erreichen, dass die Förderung und Finanzierung von Hospizen und Palliativprojekten unter bundeseinheitlichen Kriterien in der Sozialgesetzgebung verankert werden. Sie will zur Anerkennung und Stärkung der Bedeutung des Ehrenamtes in Politik, Kirche und Gesellschaft beitragen.

Internationale Gesellschaft für Sterbebegleitung und Lebensbeistand e.V. (IGSL), Zeppelinstr. 6, 55411 Bingen, Postfach 1408, 55384 Bingen
Telefon: 06721 – 103 18 oder 06721 – 921 161, Telefax: 06721 – 103 81
E-mail: IGSL-Hospiz@t-online.de

Deutsche Hospizhilfe e.V., 1988 gegründet, hat es sich zur Aufgabe gemacht, den Hospizgedanken in der Bundesrepublik Deutschland bekannt zu machen und die entstehenden Hospizinitiativen durch Spendensammlung zu unterstützen.

Die Hospizhilfe will zur Lobby für schwer kranke, sterbende Menschen und ihre Angehörigen werden, Öffentlichkeitsarbeit leisten, die ärztliche Ausbildung in Sterbebeistand und Schmerztherapie fördern, zur Sterbeforschung anregen und konkrete Hospizinitiativen fördern.

Deutsche Hospizhilfe, Reit 25, 21244 Buchholz
Telefon: 04181 – 38855

Die Deutsche Hospizhilfe verschickt eine Informationsmappe mit Broschüren wie «Zu Hause sterben», «Schmerztherapie bei sterbenden Menschen» und «Wenn Sie trauern» gegen Erstattung des Selbstkostenpreises von 25 DM per Verrechnungsscheck.

Bundesarbeitsgemeinschaft Hospiz
zur Förderung von ambulanten, teilstationären und stationären Hospizen und Palliativmedizin e. V. (= BAG Hospiz), 1992 von Hospizinitiativen und Einzelpersonen gegründet, versteht sich als Dachverband der Hospizbewegung. Ihre Unterorganisation sind ehrenamtlich geleitete Landesarbeitsgemeinschaften (LAGs), die mittlerweile in einem Großteil der deutschen Bundes-

länder eingerichtet sind (ursprünglich meist unabhängig entstanden haben sich 1997 in der BAG zusammengeschlossen).

Als Zielsetzungen benennt die BAG Hospiz für ihre Arbeit:

- Weiterentwicklung der Hospizarbeit (inhaltlich und politisch)
- Vertretungsaufgabe national und international
- Kooperation und Koordinierung
- Fortbildung und Öffentlichkeitsarbeit

Durch das Engagement der BAG Hospiz wurde der Paragraph 39 a SGB V geschaffen, der die finanzielle Absicherung stationärer Hospize regelt. Gegenwärtig arbeitet die BAG an der Schaffung von Rechtsgrundlagen zur Förderung ambulanter Hospizarbeit in Deutschland, beispielsweise durch die gesetzlich verankerte Möglichkeit, eine Koordinationsstelle zu finanzieren.

Bundesarbeitsgemeinschaft Hospiz zur Förderung von ambulanten, teilstationären und stationären Hospizen und Palliativmedizin e. V.

Renkerstraße 45, 52355 Düren
Telefon: 02421–599 472, Telefax: 02421–599 473
E-mail: bag.hospiz@hospiz.net, Internet: http://www.hospiz.net

Die Ansprechpartnerinnen und Ansprechpartner der jeweiligen Landesarbeitsgemeinschaften können Sie dort erfragen.

Deutsche Hospiz Stiftung/Malteser, 1996 ins Leben gerufen, hat sich die Verankerung der Hospizidee in der Gesellschaft zu Eigen gemacht und macht eine entsprechende Öffentlichkeitsarbeit. Sie wirbt für eine Zusammenarbeit aller in der Sterbebegleitung Tätigen. Sie unterstützt Projekte vor Ort, fördert die Aus- und Weiterbildung von Hospizhelferinnen und -helfern und organisiert ein Hospiztelefon (0231–738073-0 – über diesen Anschluss werden Adressen von Hospizdiensten und Schmerztherapeuten weitergegeben).

Anträge auf Fördermittel für konkrete Hospizprojekte sind schriftlich zu stellen. Ein Stiftungsrat entscheidet über die Vergabe.

Deutsche Hospiz Stiftung, Im Defdahl 5-10, 44141 Dortmund
Internet: http://www.hospize.de

Arbeitskreis Hospiz, 1995 innerhalb der evangelischen Kirche gegründet, hat sich zur Aufgabe gemacht, Anliegen der Hospizbewegung in Kirche und Diakonie zu fördern. Zu seinen Zielen gehört es, sich für notwendige sozialpolitische Rahmenbedingungen einzusetzen und entsprechende Impulse zu geben. Er setzt Schwerpunkte für die Erarbeitung von Qualitätsstandards im Bereich der Fort- und Weiterbildung Ehrenamtlicher. Sein Anliegen ist es zudem eine bessere Integration von Hospizarbeit in bestehende Einrichtungen der Diakonie (zum Beispiel Krankenhäuser, Altenheime u. Ä.) anzustoßen.

Der Arbeitskreis Hospiz setzt sich zusammen aus je einer/einem Hospizbeauftragten der 24 landeskirchlichen Diakonischen Werke und je einem/einer Referentin aus jenen Fachverbänden, zu deren Arbeitsbereich die Sterbebegleitung gehört (Deutscher Ev. Krankenhausverband, Deutscher Ev. Verband für Altenarbeit e. V., Ev. Fachverband für Kranken- und Sozialpflege e. V., Ev. Fachverband für ambulante Pflege, Johanniter-Unfallhilfe e. V.).

ALPHA (Ansprechstelle im Land NRW zur Pflege Sterbender, Hospizarbeit und Angehörigenbegleitung)

Nordrhein-Westfalen hat als erstes Bundesland in Deutschland eine Institution geschaffen, deren Aufgabe es ist, die Fragen bestehender Institutionen und Dienste, entstehender Initiativen und sich entwickelnder Gruppierungen nach ideeller und finanzieller Konzeption und Fortbildung Haupt- und Ehrenamtlicher im Bereich Sterbebegleitung zu beantworten.

Es gibt zwei Ansprechstellen (s. u.), die im Auftrag des Ministeriums für Frauen, Jugend, Familie und Gesundheit arbeiten und allen zur Verfügung stehen, die Projekte zur Begleitung Sterbender und ihrer Angehörigen und Freunde planen und durchführen.

Die Leistungen von ALPHA sind:

- Beratung beim Aufbau neuer Initiativen
- Beratung bei der Vernetzung von traditionellen und neuen Hilfsformen (stationärer Institutionen und ambulanter Dienste)
- Hilfen bei der Entwicklung einrichtungsinterner Fortbildung
- Fortbildung für ehrenamtliche Mitarbeiterinnen und Mitarbeiter
- Fortbildung für hauptamtliche Mitarbeiterinnen und Mitarbeiter
- Vermittlung und Durchführung von Supervision
- Vermittlung von Referenten und Dozenten, Hinweise und Empfehlungen für Literatur und sonstige Medien
- Hinweise für die Beantragung öffentlicher Gelder
- Unterstützung in der kommunalen Politikberatung

im Landesteil Rheinland:
ALPHA, Von-Hompesch-Str.1, 53123 Bonn
Tel.: 0228 – 74 65 47, Telefax: 0228 – 64 18 41
E-mail: alpha-bonn@t-online.de

im Landesteil Westfalen-Lippe:
ALPHA, Salzburgweg 1, 48145 Münster
Tel.: 0251 – 23 08 48, Telefax: 0251 – 23 65 76
E-mail: info@alpha-nrw.de

Fragebogen für ehrenamtliche MitarbeiterInnen

Was Sie beantworten möchten, bitte *ankreuzen* und/oder *ausfüllen.* Danke!

Angaben zur Person:

Name: .... Vorname: ....

Geburtsjahr: ....

Anschrift: ....

Telefon privat: .... dienstlich: ....

Fax: .... E-mail: ....

Beruf und / oder zuletzt ausgeübte Tätigkeit: ....

Sind Sie oder waren Sie an einer anderen Stelle ehrenamtlich tätig?

....

Konfession: .... Gemeinde: ....

Einsatzmöglichkeiten:

Einsatzbereit:

ab sofort ☐ später ☐ voraussichtlich ab ....

Bevorzugter Einsatz: ....

Bürotätigkeit in Geschäftsstelle ☐

Öffentlichkeitsarbeit ☐

Patientennah ☐

Gibt es Situationen, Personengruppen oder Krankheitsbilder, die für Sie besonders schwierig sind?

....

Wo können Sie sich eine Begleitung besonders gut vorstellen?

....

Mögliche Einsatzzeiten:

täglich ☐ wöchentlich ☐ monatlich ☐

An folgenden Tagen: Sa ☐ So ☐ Mo ☐ Di ☐ Mi ☐ Do ☐ Fr ☐
nach Absprache: ☐

Zu welcher Tageszeit: ....
nach Absprache: ☐

Fortbewegungsmöglichkeit:
eigener PKW ☐ Fahrrad ☐ Bus ☐ zu Fuß ☐

In welchem Radius darf sich der Einsatzort bewegen? ....

Anmerkungen: ....

Fähigkeiten, die ich einbringen kann:

Musikalische (*Instrument, Singen, etc.*): ....

Handwerkliche: ....

Häusliche: ....
oder auch außerhäusliche (z. B. *Botengänge, Spaziergänge, etc.*): ....

PC-Kenntnisse: ....

Künstlerische (*z. B. zur Gestaltung von Plakaten, etc.*): ....

Pflegerische (*kleine Hilfestellungen bei der Pflege, etc.*): ....

Sonstige Vorschläge zur Mitarbeit, die Ihnen sinnvoll erscheinen:

....

Was ich sonst noch mitteilen möchte: ....

....

....

....

Die Reihenfolge der Fragen ist systematisch und beinhaltet keine Rangordnung. Jede Hilfe ist von Bedeutung und gleichwertig. Der/die BegleiterIn kann jederzeit bei eigener Betroffenheit, bei Fragen oder Ratlosigkeit die hauptamtlichen MitarbeiterInnen im Hospizbüro um Unterstützung bitten.
So sehr Verlässlichkeit auch in der ehrenamtlichen Mithilfe erwünscht ist, kann der freiwillige Mithelfer ohne Angabe von Gründen die Begleitung und Mitarbeit ablehnen.
Eine vorübergehende Abwesenheit (Urlaub/Krankheit) bitte möglichst unverzüglich mitteilen.

Mit der Speicherung meiner Daten nur für die ehrenamtliche Tätigkeit bin ich einverstanden.

Ort/Datum Unterschrift

Vereinbarung zwischen HospizhelferIn und Hospiz

Anschrift Hospizverein

Vereinbarung

Zwischen: ....

Vor- und Zuname Geburtsdatum

....

Ort / Straße Telefon

und:
Name und Anschrift Hospizverein

wird Folgendes vereinbart:

1. Der / die Hospizhelfer/in ist bereit Schwerkranke, Sterbende und deren Angehörige zu begleiten. Die Begleitung erfolgt regelmäßig und bewegt sich in einem zeitlichen Rahmen von ca. drei bis vier Stunden wöchentlich.

2. Der / die Hospizhelfer/in erbringt den Dienst ehrenamtlich.

3. Die Schweigepflicht ist eine wesentliche Grundlage für das Vertrauensverhältnis. Sämtliche Daten – wie Namen, medizinische und pflegerische Umstände, Vermögensverhältnisse etc., die während des Kontaktes zum Kranken und seiner Familie bekannt werden, unterliegen auch über den Tod hinaus und im Falle des Ausscheidens als Hospizhelfer/in der Schweigepflicht. (§ 203 Abs. 1 Nr. 1, Abs. 3, Satz 1 StGB)

4. Der / die Hospizhelfer/in ist davon in Kenntnis gesetzt, dass für die Patienten ohne Anwesenheit eines Notars kein Testament geschrieben werden darf. Ehrenamtliche Helfer/innen dürfen nicht als Erben eingesetzt werden.

5. Alle Einsätze erfolgen in Absprache mit der Hospizfachkraft. Besondere Vorkommnisse sind der Hospizfachkraft mitzuteilen.

6. Der / die Hospizhelfer/in dokumentiert die Hospizhelfer/innen – Tätigkeiten im Besuchsprotokoll und händigt dies der Hospizfachkraft spätestens am Ende der Begleitung aus.

7. Der / die Hospizhelfer/in verpflichtet sich im Rahmen seiner / ihrer Tätigkeit als Hospizhelfer/in zur regelmäßigen Teilnahme an einer Supervision / Praxisbegleitungsgruppe. Der / die Koordinatorin und die Hospizfachkraft stehen als ständige Ansprechpartner/in zur Verfügung.

8. Der ... Hospiz e.V. bietet für die Hospizhelfer/innen verschiedene Fortbildungsveranstaltungen im Jahr an, die von den Hospizhelfer/innen besucht werden können. Diese Veranstaltungen dienen dem Austausch und der Unterstützung im Tätigkeitsfeld der Hospizhelfer/innen.

9. Der ... Hospiz e.V. sorgt für Dienstreise-, Unfall- und Haftpflichtversicherungen.

10. Auf Antrag werden anfallende Fahrtkosten im Rahmen der momentan vereinbarten Höhe erstattet.

11. Wenn infolge Krankheit oder sonstiger Verhinderung der geplante Begleitungseinsatz nicht angetreten werden kann, ist die Hospizfachkraft rechtzeitig zu verständigen.

12. Diese Vereinbarung kann von beiden Seiten ohne Einhaltung einer Kündigungsfrist gelöst werden. Im Falle einer Beendigung als Hospizhelfer/in findet ein Gespräch zwischen Koordinator/in und Hospizhelfer/in statt.

Ort, den ....

Unterschriften:
Hospizhelfer / in für den Vorstand ... Hospiz e.V.

Ehrenamtliche MitarbeiterInnen von Hospizen (Oberbegriff) sind verpflichtet über sämtliche Angelegenheiten, die den Sterbenden betreffen (seine Personalien, seine Krankheitsgeschichte, die familiären sowie seine Vermögensverhältnisse usw.) Stillschweigen zu bewahren. Egal woher solche Informationen stammen, sie unterliegen den strengen Regeln des Datenschutzes (§ 22 ff. BDSG).

Die Schweigepflicht wird gewöhnlich umfassend und schriftlich (in einer Vereinbarung zwischen Hospizinitiative und Ehrenamtlichem) vereinbart. Es wird damit zugesichert, dass Ehrenamtliche lediglich gegenüber den hauptamtlichen MitarbeiterInnen der Hospize bei Bedarf von ihrem Wissen Gebrauch machen.

Diese Schweigepflicht bezieht sich in der Regel auch auf Informationen, die innerhalb des Hospizes selbst ausgetauscht werden, und besteht auch dann fort, wenn der/die Mitarbeiter/in nicht mehr fürs Hospiz tätig ist.

Für bestimmte Berufsgruppen (u. a. Rechtsanwälte, Ärzte, Psychologen usw.), denen im Rahmen ihrer beruflichen Tätigkeit regelmäßig auch »Privatgeheimnisse« anvertraut werden, ist die Verletzung der Schweigepflicht unter Strafe gestellt (§ 203 StGB). Im professionellen Bereich kann »Geheimnis« im Sinne des § 203 Abs. 1 StGB schon der Name eines Klienten oder die Tatsache seiner Beratung sein.

Die Verletzung eines Privatgeheimnisses liegt z.B. dann vor, wenn ein Mitarbeiter einer Hospizinitiative (gleich, welcher Berufsgruppe er angehört) den Angehörigen eines volljährigen Betroffenen Auskünfte über Diagnose und Behandlung ohne dessen ausdrückliche Zustimmung geben würde. Eine Weitergabe von persönlichen Informationen erfordert jeweils die Zustimmung des Betroffenen. Dabei ist eine generelle Entbindung von der Schweigepflicht unzulässig; Voraussetzung für eine Entbindung von der Schweigepflicht ist, dass der Betroffene darüber informiert ist, wer welche Informationen über ihn erhalten soll.

Für Supervisionen oder Begleitungsgespräche gilt, dass die Schweigepflicht sich auf die Beteiligten überträgt. Allerdings kann es auch in diesem Setting nötig sein, sich die Verschwiegenheitspflicht vor Augen zu halten. Klatsch und Tratsch, dafür haben wir meist ein gutes Gespür, sind etwas völlig anderes, als sich Rat und Unterstützung von anderen zu holen oder Entlastung bei anderen zu suchen.

Beispiel: Handreichung für ehrenamtliche MitarbeiterInnen zum Thema Supervision

Ehrenamtliche Arbeit in der Begleitung Schwerstkranker und Sterbender ist eine sehr anspruchsvolle und herausfordernde Tätigkeit.

- Sie werden als BegleiterInnen mit den Grenzen des Lebens und mit Schicksalen konfrontiert.
- Sie kommen als Außenstehende in eine Familie oder andere Beziehungssysteme und müssen oft recht schnell Ihren eigenen Platz und Ihre Rolle definieren.
- Sie erleben eine Beziehung zu einem anderen Menschen, die von großen Schwankungen in der Nähe und Distanz geprägt sein kann.

Daher ist es dem Neuwieder Hospiz e.V. wichtig, dass Sie gerade in der Zeit der Begleitung auch vom Verein her gut beheimatet sind. Dazu dienen Abende der Fortbildung und des Austausches. Eine fachlich spezielle Einrichtung ist in diesem Kontext die Supervision für Ehrenamtliche in der Begleitung Schwerkranker und Sterbender.

Supervision soll dazu dienen,

- den Austausch unter den Begleitenden zu ermöglichen: über die eigene Begleitungsarbeit zu erzählen und Ideen anderer dazu mitzunehmen
- aufzutanken
- beeindruckende und belastende Erlebnisse mit Hilfe der Gruppe zu verarbeiten
- die Begleiterrolle im Beziehungsnetz des Kranken und in der Spannung zwischen Nähe und Distanz zu klären
- über die Ziele der eigenen Arbeit nachzudenken
- neue fachliche Ideen und Impulse mitzunehmen.

Nun einige ganz konkrete Informationen zur Supervision:

- Immer dann, wenn eine Begleitung auf Sie zukommt, nehmen Sie verbindlich gleichzeitig an der Supervision teil.
- Die Supervision findet monatlich zu einem festen Termin in Neuwied statt.
- Sie können wählen zwischen zwei halboffenen Supervisions-Gruppen und somit zwischen einer Supervisorin und einem Supervisor und zwei Terminen: Eine Gruppe trifft sich (montags 19–21 Uhr), die andere (mittwochs 17–19 Uhr).
- Zur Arbeitsweise in der Supervision:
  - Zu Beginn einer jeden Sitzung – nach einem kurzen Anfangsimpuls – berichtet jede/r kurz von seinem/ihrem Einsatz. Wer möchte, kann dann genauer über seine/ihre Begleitung erzählen, um offene Fragen zu klären oder eine Rückmeldung aus der Gruppe zu bekommen.
  - Es können auch ggf. sich aus den Begleitungen ergebende fachliche Fragen erörtert werden.
  - Für die von Ihnen eingebrachten Inhalte und für die Sitzungen gilt die Schweigepflicht aller Beteiligten.
- Wenn die Begleitung beendet ist, nehmen Sie an mindestens noch einer Sitzung teil für einen Rückblick. Wenn Sie möchten, können Sie auch noch für einige Sitzungen weiterhin kommen.

Die Liste der Termine, den Tagungsort, den Namen und die Adresse des Supervisors / der Supervisorin erhalten Sie im Büro des Neuwieder Hospiz e.V. und des Ambulanten Hospiz Neuwied.

Dieser Handreichung liegt ein Konzept von einer halboffenen Gruppe zugrunde, an der nur diejenigen Ehrenamtlichen teilnehmen, die aktuell in einer Begleitung sind. Ferner arbeiten hier die SupervisorInnen mit gestaltenden und strukturierenden Elementen, die sich in der Arbeit mit Ehrenamtlichen bewährt haben, die jedoch im beruflichen Feld oft wegfallen zugunsten der Dynamik der Gruppe selber.

Sie dürfen diese Handreichung gerne für Ihre Arbeit mit Ehrenamtlichen nutzen und nach Ihren Bedürfnissen abwandeln.
(Autor: Christoph Drolshagen; Informationen zur Arbeit mit diesem Konzept beim Neuwieder Hospizverein e.V., Marktstraße 69, 56564 Neuwied.)

Hospizlichkeit in Krankenhäusern und Altenheimen

Roswitha Kottnik, Christel Mayer (Hg.), Vernetzte Sterbebegleitung im Altenpflegeheim, Verbum GmbH, Berlin 1999.

Monika Müller, Gera Kessler (Hg.), Implementierung von Hospizidee und Palliativmedizin in die Struktur und Arbeitsabläufe eines Altenheims, Pallia Med Verlag, Bonn 2000.

Carola Otterstedt, Leben gestalten bis zuletzt. Kreative und einfühlsame Begleitung sterbender Menschen, Herder, München 1999.

Franco Rest, Sterbebeistand, Sterbebegleitung, Sterbegeleit, Kohlhammer, Stuttgart 1989.

Palliativmedizin und Hospizbewegung

Kurt Dantzer, Palliativmedizin – Hospizarbeit – Sterbekultur, Evangelische Akaemie, Loccum, Loccumer Protokolle 94/6.

E. Husebo, E. Klaschik, Palliativmedizin. Praktische Einführung in Schmerztherapie, Ethik und Kommunikation, Springer, Heidelberg 1998.

Janbernd Kirschner, Die Hospizbewegung in Deutschland, Peter Lang Verlag, Frankfurt 1996.

Helmut Zielinski, Palliative Therapie und Hospizbewegung in der Bundesrepublik Deutschland, R. Dadder, Saarbrücken-Scheidt 1993.

Spiritualität

Thomas Lemmen, Islamische Bestattungen in Deutschland. Zu beziehen über den CIS Verlag (ca. 14 DM). Postfach 11455, 48337 Altenberge. Tel. und FAX: 02505/3534.

Peter Reifenberg, Martin Weber (Hg.), Spiritualität in der Sterbebegleitung, Studientagung des Bildungszentrums der Diözese Mainz im Erbacher Hof in Kooperation mit der Mainzer Hospizgesellschaft, Mainzer Hospizgesellschaft Christophorus e.V., Mainz 1997.

Daniela Tausch-Flammer, Lis Bickel (Hg.), Spiritualität der Sterbebegleitung, Herder, Freiburg 1997.

Praxis

Manfred Kurz (Hg.), Kranke und Sterbende begleiten. Gedanken, Gebete und Lieder. Gütersloher Verlagshaus (Ed. Quell), Gütersloh 1997.

Peter Neysters, Karl Heinz Schmitt, Denn sie werden getröstet werden. Das Hausbuch zu Leid und Trauer, Sterben und Tod, Kösel, München 1993.

Daniela Tausch-Flammer, Lis Bickel, Wenn ein Mensch gestorben ist – wie gehen wir mit den Toten um? Herder Verlag, Freiburg 1995.

Paul M. Zulehner, Pastoraltheologie, Band 3: Übergänge, Pastoral zu den Lebenswenden, Patmos, Düsseldorf 1990.

Vorbereitung und Fortbildung Ehrenamtlicher

Andreas Ebert, Peter Godzik (Hg.), Verlass mich nicht, wenn ich schwach werde, Handbuch der Begleitung Schwerkranker und Sterbender, E. B.-Verlag Rissen, Hamburg 1993.

Monika Müller, Wolfgang Heinemann, Handreichung für Multiplikatoren, Konzept zur Befähigung Ehrenamtlicher, Schriftenreihe der ALPHA, Bonn 1996.

Johann-Christoph Student, Fünf Thesen zur Fortbildung von SterbebegleiterInnen, Infokara Nr. 2/1998.

Trauer

Jürgen Kaufmann, Christoph Kreitmeir, Maximilian Wagner, Ein Quell in unserer Wüste. Wegbegleitung in einem Trauerkreis, Echter-Verlag, Würzburg 2000.

Ida Lamp, Thomas Meurer, Abschied – Trauer – Neubeginn – Erfahrungen mit Tod und Trauer, Begleitung auf dem Trauerweg, Butzen und Bercker GmbH, Kevelaer – Aachen 1997.

Monika Müller / Matthias Schnegg, Unwiederbringlichkeit – Vom Sinn der Trauer. Hilfe bei Verlust und Tod, Herder-Verlag, Freiburg 1999.

Michael Schibilsky, Trauerwege, Patmos, Düsseldorf 1996.

Besuchsprotokoll für Hospizhelfer/-innen

Blatt-Nummer: ______ A

Name: **HospizhelferIn:**

Datum	*Zeitaufwand*			*Besuchsort*	*Kurze Dokumentation zum Verlauf einer Begleitung beim Patienten*
	Weg in Minuten	km	Besuch/ Telefonat in Minuten		
Summe:					

Besuchsprotokoll für Hospizhelfer/-innen

Blatt-Nummer: ________ B

Name: **HospizhelferIn:**

Datum	*Zeitaufwand*			*Besuchsort*	*Kurze Dokumentation zur Hinterbliebenen-Begleitung nach dem Tod des Patienten*
	Weg in Minuten	km	Besuch/ Telefonat in Minuten		
Summe:					